**"ධම්මෝ හි වාසෙට්ඨා, සෙට්ඨෝ ජනේතස්මිං
දිට්ඨේ චේව ධම්මේ, අභිසම්පරායේ ච."**

වාසෙට්ඨයෙනි, මෙලොවෙහි ත්, පරලොවෙහි ත්
ජනයා අතර ධර්මය ම ශ්‍රේෂ්ඨ වෙයි !

- අග්ගඤ්ඤ සූත්‍රය - භාග්‍යවත් බුදුරජාණන් වහන්සේ

අලුත් දහම් වැඩසටහන - 24

තමාට වෙන දේ තමාවත් නොදනියි

පූජ්‍ය කිරිබත්ගොඩ ඤාණානන්ද ස්වාමීන් වහන්සේ

ISBN : 978-955-687-142-5

ප්‍රථම මුද්‍රණය : ශ්‍රී බු.ව. 2561 ක් වූ ඉල් මස පුන් පොහෝ දින

සම්පාදනය : මහමෙව්නාව භාවනා අසපුව
වඩුවාව, යටිගල්ඔළුව, පොල්ගහවෙල.
දුර : 037 2244602
info@mahamevnawa.lk | www.mahamevnawa.lk

පරිගණක අකුරු සැකසුම, පිටකවර නිර්මාණය සහ ප්‍රකාශනය :
මහාමේඝ ප්‍රකාශකයෝ
වඩුවාව, යටිගල්ඔළුව, පොල්ගහවෙල.
දුර : 037 2053300, 076 8255703
mahameghapublishers@gmail.com

මුද්‍රණය : තරංජී ප්‍රින්ට්ස්,
506, හයිලෙවල් පාර, නාවින්න, මහරගම.
ටෙලි: 011-2801308 / 011-5555265

චතුරාර්ය සත්‍යාවබෝධයට ධර්ම දේශනා....

තමාට වෙන දේ තමාවත් නොදනියි

අලුත් දහම් වැඩසටහන

24

පූජ්‍ය කිරිබත්ගොඩ ඤාණානන්ද ස්වාමීන් වහන්සේ
විසින් පොල්ගහවෙල මහමෙව්නාව භාවනා අසපුවේ අලුත් දහම්
වැඩසටහනේදී සිදු කළ ධර්ම දේශනා ඇසුරිනි.

මහාමේඝ
MAHAMEGHA

ප්‍රකාශනයකි

පෙළගැස්ම....

නමෝ තස්ස භගවතෝ අරහතෝ සම්මාසම්බුද්ධස්ස
ඒ භාග්‍යවත් අර්හත් සම්මා සම්බුදුරජාණන් වහන්සේට නමස්කාර වේවා!

01.

උදේ වරුවේ ධර්ම දේශනය

සැදැහැවත් පින්වත්නි,

ඔබ දන්නවා අපේ බුදුරජාණන් වහන්සේ පහළ වෙලා හතළිස්පස් අවුරුද්දක් පුරා ධර්මය දේශනා කරගෙන ගියා. උන්වහන්සේ පහළ වෙලා අවුරුදු විස්සකට පස්සේ තමයි විනය ප්‍රශ්න ඇතිවුනේ. එතකොට උන්වහන්සේ විනය නීතිත් පැනෙව්වා. බුදුරජාණන් වහන්සේ පිරිනිවන් පාන්ට සූදානම් වෙලා ආනන්දයන් වහන්සේට වදාළා "ආනන්ද, තථාගතයන් වහන්සේ පිරිනිවන් පෑවට පස්සේ 'අපට දැන් ශාස්තෘන් වහන්සේ නමක් නෑ. අපි තනි වෙලා' කියලා හිතන්ට එපා. මා විසින් යම් ධර්මයක් දේශනා කළා ද, යම් විනයක් පැනෙව්වා ද, ඒ ධර්ම විනය දෙක ඔබේ ශාස්තෘන් වහන්සේ ය කියලා මතක තියාගන්ට" කියලා.

එතකොට බුදුරජාණන් වහන්සේ අපට ශාස්තෘන් වහන්සේ හැටියට මතක තියාගන්ට කිව්වේ බුදුරජාණන්

වහන්සේ වදාළ ධර්මයත් විනයත්. අපේ වාසනාවට ඒ ශාස්තෘ සම්පත්තිය පිරිපුන්ව තිබෙන නිර්මල ධර්මය මිහිඳු මහරහතන් වහන්සේ ලංකාවට අරගෙන වැඩියා. ඒ නිසා අපට අදත් බුදුරජාණන් වහන්සේ වදාළේ මොකක්ද කියලා හරි විදිහට, අවුලක් නැතුව, පටලැවිල්ලක් නැතුව අහන්ට පුලුවන්කම තියෙනවා.

ඉස්සෙල්ලා ම හිත පහදවා ගන්න....

ධර්මය හරියට අහලා නැතුව, ධර්මය හරියට ඉගෙනගෙන නැතුව, ධර්මය මොකක්ද කියලා තේරුම් අරගෙන නැතුව දුකෙන් නිදහස් වෙන්ට අපි හිතුවොත් අපේ ම ප්‍රශ්න අපට හම්බ වෙයි. අපේ ම අවුල අපට හම්බ වෙයි. අවුල් වෙවී යනවා මිසක් අවුල ලිහෙන්නේ නම් නෑ. එහෙනම් අපේ ජීවිතයේ යම්කිසි නිරවුල් දැක්මක්, පැහැදිලි දැක්මක් අපට උවමනා නම් බුදුරජාණන් වහන්සේ වදාළ දේ ම අපි දැනගන්ට ඕන. අපේ වාසනාවට බුදුරජාණන් වහන්සේ වදාළ නිර්මල ධර්මය තියෙන මේ රටේ අපි උපන්නා. අපට පුළුවන්කමක් තියෙන්ට ඕනෑ ඒ ධර්මය අහලා 'අනේ මේ නම් බුදුකෙනෙකුගේ ධර්මයක් ම යි' කියලා හිත පහදවා ගන්ට. එහෙම හිත පහදවා ගන්නේ නැතුව අපට ධර්මය සිහිකරන්ට බෑ.

විමුක්තියට උදව් නොලැබෙන වචන....

ඔබ දැන් ධර්මය අහන්ට පුරුදු වෙලා හිටියට මේ ජීවිතයේ ඔබට අහන්ට ලැබෙන්නේ ධර්මය විතරක් නෙවෙයි. ප්‍රවෘත්තිවලින් එක එක ඒවා අහනවා. සින්දු අහනවා. කතන්දර අහනවා. නාට්‍යවලින් එක එක ඒවා අහනවා. නොයේක් දේවල් අහනවා. එතකොට ඔබට

බොරුත් ඇහෙනවා. කේළමුත් ඇහෙනවා. පරුෂ වචනත් ඇහෙනවා. හිස් වචනත් ඇහෙනවා. ඒ ඔක්කොම ඇහෙද්දී ධර්මයත් ඇහෙනවා.

අපේ හිතේ ස්වභාවය රාග ද්වේෂ මෝහයන්ගෙන් යුක්තයි. රාග ද්වේෂ මෝහයන්ගෙන් යුක්ත වූ සිත රාග ද්වේෂ මෝහයන්ට පක්ෂ වූ දේට තමයි ඇදිලා යන්නේ. රාග ද්වේෂ මෝහවලට පක්ෂ දේවල් හැටියට තියෙන්නේ මොනවාද? ළාමක විනෝදය, අනුන්ට මඩ ගසන ඒවා අහලා සතුටු වීම, අනුන්ගේ කුණු කන්දල් අවුස්සලා සතුටු වීම, අනුන්ට ගරහලා සතුටු වීම ආදිය. ඒවාට අපේ රාග ද්වේෂ මෝහවලින් හොඳට උදව් ලැබෙනවා. එතකොට අපට ඕනතරම් ඒවා මතක හිටිනවා. හැබැයි ඒ අහපු කුණු කන්දල්වලින්, අහපු බොරුවලින්, අහපු කේළාම්වලින්, අහපු ගැරහුම්වලින්, අහපු හිස් වචනවලින් අපේ විමුක්තියට උදව් නෑ. සතර අපායේ යන්ට නම් ඕන හැටි උදව් තියෙනවා.

බොහෝ දෙනෙකුට සරණත් නෑ.... සීලෙත් නෑ....

සතර අපායේ නොයා බුදුකෙනෙකුගේ ධර්මය පිහිට කරගන්ට නම්, ඒ කිව්වේ ධර්මය සරණ යන්ට නම් අපට මතක් වෙන්ට ඕනෑ අපගේ ශාස්තෘන් වහන්සේගේ වචනයි. ශාස්තෘන් වහන්සේගේ වචන මතක් වෙන්නේ නැත්නම් එයාට ශ්‍රාවකයෙක් කියලා කියන්න බැහැ. ශ්‍රාවකයා කියන්නේ සරණ ගියපු කෙනාටයි. අපි පොඩි කාලේ ඉඳන් 'බුද්ධං සරණං ගච්ඡාමි' කියලා බුදුරජාණන් වහන්සේව සරණ යනවා. ඉස්කෝලෙදිත් පන්තියේ වැඩ පටන් ගන්ට ඉස්සර වෙලා 'බුද්ධං සරණං ගච්ඡාමි,

ධම්මං සරණං ගච්ඡාමි, සංඝං සරණං ගච්ඡාමි' කියලා සරණ යනවා. පන්සිලුත් ගන්නවා. නමුත් ළමයි සීයක් ගත්තොත් සීයට ම සරණත් නෑ. පංච සීලෙත් නෑ.

ඊට පස්සේ අපි ඉගෙන ගන්නවා සාමාන්‍ය විෂයන්. "මේක පාඩම් කරපං.... මේ ගාණ හදපං.... මේක ඉගෙන ගනිං.... මේක ඉගෙන ගනිං...." කිය කියා ඉගෙන ගන්නවා. කාලයක් ගියාම සරණ කියන එකේ අර්ථය නැතුව යනවා. ඊට පස්සේ එයා ධර්මය හොයන්නෙත් සරණ නැතුවයි. විමුක්තිය හොයන්නෙත් සරණක් නැතුවයි. අන්තිමට වෙන්නේ එක්කෝ තමන්ගේ චිත්ත සමාධියක් හෝ තමන්ට නිකම්ම තර්ක කරලා වැටහෙන දෙයක් හෝ තවත් කෙනෙක් තර්ක කරලා පෙන්වන දෙයක් හෝ ග්‍රහණය කරගෙන ඉන්නවා. ලෝකයේ ඉන්න එක එක පුද්ගලයෝ තර්ක කර කර කරුණු කියද්දී ඒවා ගන්නවා "හා... මේක තමයි ධර්මය" කියලා. ඇයි හේතුව, සරණ නැතිකම. සරණ ලබන්ට නම් ශාස්තෘන් වහන්සේ දේශනා කළේ කුමක්ද කියලා අපට හොඳට තේරුම් ගන්ට හැකියාවක් තියෙන්ට ඕන.

දම්වැලෙන් බැඳි සුනඛයා....

අද අපි ඉගෙන ගන්නේ සංයුක්ත නිකායේ දේශනාවක්. මේ දේශනාවේ නම **ගද්දුලබද්ධ සූත්‍රය.** ඔබ දකලා ඇති දම්වැල්වලින් ගැටගහපු බල්ලන්ව. ඔබේ ගෙවල්වලත් බල්ලෝ ඇතිකරනවා ඇතිනේ. සාමාන්‍යයෙන් ගෙදරක බල්ලෙක් ඇතිකරද්දී ඒ බල්ලාව ගැටගහන්න අපි පාවිච්චි කරනවා දම්වැලක්. ඒකට කියන්නේ බලු දම්වැල කියලා. කඩවල්වලත් ඒවා විකුණන්ට තියෙනවා. ඒ දම්වැලේ එක පැත්තක බල්ලාව

ගැටගහලා ඊට පස්සේ අනිත් කොන අපි කණුවක හරි මොකක් හරි එකක ගැටගහනවා. ඒ දම්වැලට කියනවා **ගද්දුල** කියලා. ගද්දුලබද්ධ කියලා කියන්නේ දම්වැලෙන් බැඳපු කියන එකයි.

මේ දේශනාවේ බුදුරජාණන් වහන්සේ වදාරනවා **(අනමතග්ගෝයං භික්ඛවේ සංසාරෝ)** "මහණෙනි, මේ සංසාරයේ කෙළවරක් හොයන්ට බෑ" කියලා. අපේ ශාස්තෘන් වහන්සේ පමණයි සංසාරයේ කෙළවරක් හොයන්ට බෑ කිව්වේ. ඒ ධර්මය ඉගෙන ගත්තු කෙනා සංසාරේ කෙළවර හොයන්ට යන්නේ නෑ. එහෙම හොයන්ට යන්නේ නැත්තේ මේ සංසාරේ කෙළවරක් නෑ කියලා තමන්ගේ ශාස්තෘන් වහන්සේ දේශනා කළ බව එයා දන්න නිසා.

ලෝකයේ ආගම් හැදුන හැටි....

මේ ධර්මය අසන්ට නොලැබුණා නම් අපිත් සංසාරේ කෙළවර හොයනවා. අපි හිතමු ලෝකයේ ධර්ම කතාවක් නෑ කියලා. දැන් මිනිස්සු දුකට පත්වෙලා ඉන්නවා. මිනිස්සුන්ට ලෙඩරෝග හැදෙනවා. එක්තැන් වෙලා දුක් විඳිනවා. බලාපොරොත්තු නැති විදිහට මරණයට පත් වෙනවා. දරුවෝ හම්බවෙන්න ගිහිල්ලා අම්මයි දරුවයි දෙන්නම මැරෙනවා. මේවා වෙද්දී ධර්මයක් නැති වුනාට මිනිස්සුන්ට හිතන්ට බැරි කමක් නෑනේ. මිනිස්සු හිතනවා ඇයි මෙහෙම වෙන්නේ, ඇයි මෙහෙම වෙන්නේ කියලා.

හිතනකොට ඒ මිනිස්සුන්ට පේන්නේ හිතලා තේරුම් ගන්ට බැරි දේවල්. මිනිස්සුන්ට පේනවා කලකට වහිනවා, කලකට පායනවා, කලකට ගංවතුර ගලනවා,

කලකට සීතලයි. එතකොට මිනිසුන්ට පේන්නේ මේ ඔක්කොම අත්භූත දේවල් වගේ. මිනිස්සු ගැනත් හිතෙන්නේ අද්භූත දෙයක් හැටියටයි. එතකොට මිනිස්සු හිතනවා එහෙනම් මේක කවුරු හරි මවපු එකක් කියලා. ඔන්න ඊට පස්සේ පටන් ගැනිල්ල හොයනවා. ලෝකයේ ආරම්භය හොයනවා. ඊට පස්සේ ඇයි අපි මේ දුක් විඳින්නේ කියලා ඒකට හේතු හොයනවා. එතකොට කියනවා දෙවියන්ගෙන් අච්චු ලැබිලා කියලා. එහෙම තමයි ලෝකයේ ආගම් ඇතිවුනේ.

කිසිවකින් නොවැසුන ඤාණය....

බුදුරජාණන් වහන්සේ වදාළා "මහණෙනි, මේ සසර ගමන අනවරාග්‍රයි. **(පුබ්බාකෝටි න පඤ්ඤායති)** පටන් ගත්තු තැන හොයන්ට බෑ" කියලා. පටන් ගත්තු තැන පේන්නේ නෑ කිව්වේ බුදුරජාණන් වහන්සේට නෙවෙයි, අපටයි. බුදුරජාණන් වහන්සේට පටන් ගත්තු තැන පේනවා. පටන් ගත්තු තැන පෙනුන නිසයි උන්වහන්සේ ඒක නැවත්තුවේ. අපට පේන්නේ නෑ. හොයන්ට යන්ටත් එපා කිව්වා පටන් ගත්තු තැන. ඒ මොකද හේතුව, බුදුරජාණන් වහන්සේ සර්වඥයි. උන්වහන්සේගේ සර්වඥතා ඥානයට කිසි දෙයක් වැහිලා නෑ.

උන්වහන්සේ නුවණින් දැක්කා මේක මූලිකව ම හැදිච්ච තැන. මොකක්ද ඒ? **(අවිජ්ජා නීවරණානං සත්තානං තණ්හා සංයෝජනානං)** අවිද්‍යාවෙන් වැහිලා, තෘෂ්ණාවෙන් බැඳිලා ඉන්න මේ සත්වයා ආරම්භ වෙච්ච තැනක් හොයන්ට යන්ට එපා කිව්වා.

කාටත් තියෙන්නේ එකම ස්වභාවය....

මේ තරම් නිවැරදි, නිරවුල්, පැහැදිලි උපකාරයක් මනුස්සයාට වෙන ලැබුනේ නෑ. පටන් ගන්න තැන හොයාගන්ට ගිහිල්ලා කොටසක් කිව්වා මරණින් මත්තේ මොකුත් නෑ කියලා. තව කොටසක් කිව්වා 'නෑ... මේක දෙවිකෙනෙක් මවලා' කියලා. තව කොටසක් කිව්වා 'දෙවි කෙනෙක් මවලත් නෙවෙයි. මරණින් මත්තේ නැතිවෙනවාත් නෙවෙයි. මේක ඉබේ හටඅරගත්තු එකක්' කියලා. නමුත් බුදුරජාණන් වහන්සේ වදාළා මේක හැදුනේ කරුණු දෙකකින් කියලා. ඒ තමයි අවිද්‍යාවෙන් සම්පූර්ණයෙන් වැහිලා, තෘෂ්ණාවෙන් බැඳිලා. මේක පරම සත්‍යයක්. අවිද්‍යාවෙන් වැසී තෘෂ්ණාවෙන් බැඳී සිටින ඕනෑම සත්වයෙක්ව බොහෝම ලේසියෙන් රවට්ටන්ට පුළුවන්. තමාත් රැවටෙනවා. අන් අයත් රවට්ටනවා. ලෝකේ සියලු දෙනා අවිද්‍යාවෙන් වැහිලා, තෘෂ්ණාවෙන් බැඳිලා නම් ඉන්නේ එහෙනම් කාටත් තියෙන්නේ එකම ස්වභාවය.

මහ සයුර වියළී ගියත් දුකේ අවසන් වීමක් නෑ....

බුදුරජාණන් වහන්සේ වදාළා **(හෝති බෝ සෝ භික්ඛවේ සමයෝ යං මහා සමුද්දො උස්සුස්සති විසුස්සති න භවති)** "මහණෙනි, මේ මහා සාගරය වියළී නැති වී යන කාලයක් එනවා." ඒ කිව්වේ සාගරය වේලිලා ගිහිල්ලා, හිඳිලා ගිහිල්ලා මනුස්සයෙකුට ඇඟිල්ලක් පොවන්ටවත් තරම් ජලය නැතිවෙන කලක් එනවා. බලන්න එතකොට උන්වහන්සේ කොච්චර අතීතය දැකලද... එහෙම කාලයක් එනවා කිව්වා ආයෙ ආයෙමත්. මේසා විසාල

මහා සාගරය පවා නැතිවෙන කාලයක් එනවා කිව්වා. **(න ත්වේවාහං භික්ඛවේ අවිජ්ජානීවරණානං සත්තානං තණ්හාසංයෝජනානං සන්ධාවතං සංසරතං දුක්ඛස්ස අන්තකිරියං වදාමි)** නමුත් අවිද්‍යාවෙන් වැසී සිටින, තෘෂ්ණාවෙන් බැඳී සිටින සත්වයාගේ දුකේ අවසන් වීමක් නම් නෑ" කිව්වා.

ඒ කිව්වේ පරණ වීම නිසා කෙනෙක් නිවන් දකින්නේ නෑ. සමහරු කියනවා 'අපි කවුරු කොහොම හිටියත් අපි ඔක්කොම කවදාහරි දවසක නිවන් දකිනවා' කියලා. කිසි දවසක එහෙම වෙන්නේ නෑ. ඒක අධර්ම කතාවක්. අපි කවුරුවත් කවදාහරි නිවන් දකින්නේ නෑ. යම් දවසක අවිද්‍යාව නැති වුනා ද, තෘෂ්ණාව නිරුද්ධ වුනා ද එදාට විතරයි මේ දුකින් නිදහස් වෙන්නේ.

මහ පොළොව නැසී ගියත් දුකේ අවසන් වීමක් නෑ....

ඊළඟට බුදුරජාණන් වහන්සේ වදාළා "මහණෙනි, සිනේරු පර්වතය (මහාමේරුව) ගිනි අරගෙන විනාස වෙලා නැත්තටම නැතිවෙන කාලයක් එනවා. ඒ විදිහට මේ සසර සැරිසරා යන අවිද්‍යාවෙන් වැසී ගිය, තෘෂ්ණාවෙන් බැඳී ගිය සත්වයාගේ දුක නැතිවෙලා යන්නේ නෑ කිව්වා. ඊළඟට බුදුරජාණන් වහන්සේ වදාළා "මහණෙනි, මේ මහපොළොව දැවිලා විනාස වෙලා නැත්තට නැතිවෙන දවසක් එනවා. නමුත් මහණෙනි, අවිද්‍යාවෙන් වැසුනු, තෘෂ්ණාවෙන් බැඳුනු මේ සත්වයාගේ දුක එහෙම නැතිවෙන්නේ නෑ" කිව්වා.

පින්වත්නි, අපි එකඑක්කෙනාගේ අතීත ජීවිත කතාවේ කෙළවරක් නෑ. ඒ කෙළවරක් නැති සසරේ අපි

කරපු කියපු දේවල් අපේ පස්සෙන් කොහොම එනවා ඇද්ද.... බුදුරජාණන් වහන්සේගේ කාලේ හිටියා උත්තර කියලා රහතන් වහන්සේ නමක්. උන්වහන්සේගේ ජීවිත කතාව හරි ආශ්චර්යයි.

විද්‍යාධරයාගේ බුද්ධ පූජාව....

මීට කල්ප තිස්දාහකට කලින් සුමේධ කියලා බුදුරජාණන් වහන්සේ නමක් පහළ වුනා. දවසක් මේ සුමේධ බුදුරජාණන් වහන්සේ වනාන්තරේ වෘක්ෂයක් යට භාවනාවෙන් වැඩහිටියා. වැඩඉන්නකොට උන්වහන්සේගේ ශරීරයෙන් ආලෝකයක් නිකුත් වෙලා උඩට විහිදුනා. ඔය වෙලාවේ එක තරුණ විද්‍යාධරයෙක් (මන්ත්‍රධාරියෙක්) ත්‍රිශූලයක් අතින් අරන් ආකාසෙන් යනවා. අහසින් යනකොට දැක්කා වනාන්තරේ ඇතුලෙන් රැස් මාලාවක් උඩට යනවා. දැකලා මොකක්ද මේ ආලෝකය කියලා බලන්ට අර විද්‍යාධරයා පහළට ආවා. බැලුවාම ශ්‍රමණයන් වහන්සේ නමක් රුක් සෙවනක භාවනානුයෝගීව ඉන්නවා. දැකලා මෙයාට හරීයට හිත පැහැදුනා.

ඊට පස්සේ පූජා කරගන්ට දෙයක් තියෙනවාද කියලා වටපිට බැලුවා. බැලුවහම කිනිහිරි ගහක මල් තුනක් පිපිලා තියෙනවා දැක්කා. කිනිහිරි මල් කියලා කියන්නේ ඇහැල මලේ පාටට වඩා තද කහපාට මලක්. ඉතින් මේ තරුණයා ඒ මල් තුන කඩාගෙන ගිහින් සුමේධ බුදුරජාණන් වහන්සේට පූජා කළා. පූජා කළාම ඒ මල් තුන නැට්ට උඩට හිටින්ට, පෙත්ත පහළට හිටින්ට හැරිලා උඩට ගියා. උඩට ගිහිල්ලා බුදුරජාණන් වහන්සේගේ සිරස උඩින් කුඩයක් ඇල්ලුවා වගේ තියවුනා. මේක දැකලා අර

තරුණයා බිම දිගාවෙලා දණ්ඩ නමස්කාරයෙන් සුමේධ බුදුරජාණන් වහන්සේට වන්දනා කළා. වන්දනා කරලා පිටත් වෙලා ගියා.

තමන්ගේ ඉරණම තීරණය වෙන්නේ තමා කරන දෙයින් ම යි....

ඒ වෙනකොට අපි කොහොම කොහොම ඉන්න ඇද්ද? අපි ඔහේ කකා බිබී, අනුන් එක්ක රණ්ඩු කර කර, අනුන්ගේ ඇද හොය හොය ඉන්න ඇති මේ කාලේ මිනිස්සු වගේ. බලන්න, අපට ඒ වගේ දෙයක් කරගන්න බැරිවුනා. හැබැයි ඒ තරුණයා දන්නෙ නෑ තමන්ගේ ඉරණම තීරණය වෙන දෙයක් තමා කළා කියලා. එයා මරණින් පස්සේ තිස්හයදහස් වතාවක් දෙවියන් අතරේ ඉපදිලා තියෙනවා. අද මිනිස්සු බුදුරජාණන් වහන්සේට මලක් පූජා කළත් බණිනවා. පලතුරු ටිකක් පූජා කළත් බණිනවා. සත්පුරුෂයන්ට ගරහනවා. ඒ බැණිල්ලෙන් හැදෙන්නේ කාගෙවත් ඉරණම නෙවෙයි, තමන්ගේ ම ඉරණම. අපි නොසිතුවාට අපේ ඉරණම තීරණය වෙන දේවල් අපේ අතින් කෙරෙනවා.

ඊට පස්සේ මේ තරුණයා කොහොමහරි අපේ බුදුරජාණන් වහන්සේගේ කාලේ රජගහනුවර බ්‍රාහ්මණ පවුලක උපන්නා. නම උත්තර. එදා අර කිනිහිරි මල් පූජා කරපු පින කොච්චර පස්සෙන් ආවාද කියන්නේ මෙයාගේ ශරීරයත් කිනිහිරි මලේ පාටයි. ඊට පස්සේ මෙයා තරුණ වයසේදී හොඳට ඉගෙන ගත්තා. බිම්බිසාර රජ්ජුරුවන්ගේ ඇමතියෙක් හිටියා වස්සකාර කියලා. වස්සකාර දැක්කා මේ තරුණයාව. දැකලා කල්පනා කළා 'ෂා... බොහොම කඩවසම් කොලුවෙක් නොවැ. මෙයා හොඳයි මගේ දූට

බන්දලා දෙන්ට' කියලා මංගල යෝජනාවක් ගෙනාවා. එතකොට උත්තර තරුණයා "අනේ මට නම් එපා. මං කසාද බඳින්න කැමති නෑ" කිව්වා.

උත්තර සසුන් දිවියට....

ඊට පස්සේ මේ තරුණයා ටික ටික පුරුදු වුනා සාරිපුත්ත මහරහතන් වහන්සේගේ ආශ්‍රයට. සාරිපුත්ත මහරහතන් වහන්සේගෙන් ධර්මය අහලා පැහැදුනා බුදුරජාණන් වහන්සේ ගැන, ධර්මය ගැන, ශ්‍රාවකයන් වහන්සේලා ගැන. සාරිපුත්ත මහරහතන් වහන්සේ බණ කියලා තමන්ට නෙමෙයි පැහැදෙව්වේ තිසරණයටයි. ටික කාලෙකට පස්සේ මේ උත්තර, සාරිපුත්ත මහරහතන් වහන්සේ ළඟ පැවිදි වුනා. ඒ දවස්වල බුදුරජාණන් වහන්සේ වැඩසිටියෙත් වේළුවනයේ. සාරිපුත්ත මහරහතන් වහන්සේත් වැඩහිටියේ වේළුවනයේ. සාරිපුත්ත මහරහතන් වහන්සේ තමයි උත්තර සාමණේරයන් වහන්සේගේ උපාධ්‍යායන් වහන්සේ. තවම වයස අවුරුදු විස්සක් නෑ. සමහරවිට මේ සිද්ධිය වෙනකොට වයස දහනමයක් වගේ වෙන්ට ඇති. ඒ කාලේ කොහොමත් අවුරුදු දාහත දහඅට වෙනකොට කසාදවලට කතා කරනවානේ.

නොකළ වරදකට හසුවුනා....

දවසක් සාරිපුත්තයන් වහන්සේ අසනීප වුනා. ඒ වෙලාවේ බෙහෙත් ටිකක් හොයාගන්ට කියලා හිතාගෙන මේ උත්තර සාමණේරයෝ පාත්තරෙත් අරගෙන යන්තම් එළිය වැටීගෙන එද්දිම පිටත් වුනා. රජගහනුවර වෙල්යාය මැදින් යද්දි දිය කඩිත්තකින් මූණ ටිකක් හෝදගන්න කියලා

හිතාගෙන නියර උඩ පාත්තරය තියලා වතුරට බැස්සා. එදා රජගහනුවර හොරෙක් ගෙයක් බිඳලා. බඩුපොදියත් අරගෙන දුවනකොට මිනිස්සු දැක්කා කව්දෝ දුවනවා. "හොරෙක් හොරෙක්... අල්ලපියව්" කියලා මිනිස්සු මේ හොරාව පන්නගෙන ආවා. හොරා දුවගෙන ඇවිල්ලා අර උත්තර සාමණේරයන්ගේ පාත්තරයට පොදිය දාලා හැංගුනා.

මිනිස්සු ඇවිල්ලා බලද්දි මොකක්ද පෙනුනේ.... පාත්තරයයි පොදියයි පේනවා. වතුරට බැහැලා මූණ හෝදන කෙනෙක් පේනවා. "හා... තෝ මහණුන්නාන්සේ කෙනෙකුගේ වේසයෙන් නේද හොරකම් කරලා තියෙන්නේ..." කියලා ඇදලා ගත්තා. හොඳටම ගැහුවා. ගහලා දෑත පිටිපස්සට බැන්දා.

අසාධාරණ නඩු තීන්දුව....

දැන් බඩුත් එක්ක හොරු අහුවෙලා. අරගෙන ගියා. කවුද විනිශ්චය ආසනේ ඉන්නේ? වස්සකාර ඇමතියා. වස්සකාර ඇමතියාට ගිහිල්ලා කිව්වා "ඇමතිතුමනි, මෙන්න හොරෙක් අහුවුනා. මේකා සිවුරුත් දාගෙන හොරකං කරනවා" කියලා. වස්සකාර කල්පනා කළා 'ආ... මේ උත්තර නේද? මූ නේද මගේ දූ දෙන්ට හැදුව වෙලාවෙ 'බැහ්' කියලා අතහැරියේ. ආ... මූ ගියා නේද හිස මුඩුකරපු මහණුන් ගාවට මහණ වෙන්ට. දෙන්නම් මූට' කියලා "උල තියාපං මේකාව" කියලා කිව්වා. නඩු ඇසිල්ලක් නෑ.

ඊට පස්සේ වධක භූමියට ගෙනිච්චා. කොහොඹ උලක් හිටෙව්වා. ඒක උඩ වාඩි කරවලා 'ජර ජර' ගාලා බැස්සෙව්වා. දැන් උල හින්දලා තියෙද්දිත් මේ

උත්තර සාමණේරයන්ගේ ඔලුවේ තියෙන්නේ 'අනේ මගේ උපාධ්‍යායන් වහන්සේට දන් බෙහෙත් ටිකක් ගෙනියන්නේ කොහොමද? උන්වහන්සේ බෙහෙත් ටිකක් කොහෙන් හොයාගනියි ද මන්දා' කියලයි. අසාමාන්‍යයි ඒ ගුරු ගෞරවය.

මේ කාලේ නම් කෙනෙක් හිතයි 'අනේ මං මේ උදේ පාන්දර බෙහෙතක් අරන් යන්ට ඇවිල්ලා වෙච්ච් දේ' කියලා. ඒ වෙලාවේ සාරිපුත්තයන් වහන්සේ භාවනානුයෝගීවයි වැඩහිටියේ. තමන්ගේ ශිෂ්‍යයා ආපහු එන්න පරක්කු නිසා උන්වහන්සේ දිවැසින් බැලුවා මොකක්ද මෙයාට වුනේ කියලා. එතකොට දැක්කා තමන්ගේ ශිෂ්‍යයා උලේ ඉන්දලා. ඊට පස්සේ බුදුරජාණන් වහන්සේ ළඟට ගිහිල්ලා කිව්වා "අනේ ස්වාමීනී, උත්තර සාමණේරයෝ නොකළ වරදකට අහුවෙලා අන්න උල තියලා" කියලා.

පෙර පවක වත....

එතකොට බුදුරජාණන් වහන්සේත් සඟපිරිස එකතු කරගෙන එතැනට වැඩියා. ඒක දැකපු රජගහනුවර මිනිස්සුත් ඔක්කෝම පෙළ ගැහිලා එතැනට ගියා. යනකොට උත්තර සාමණේරයෝ ලේ වැක්කෙරි වැක්කෙරි ඉන්නවා කරගන්ට දෙයක් නැතුව. බුදුරජාණන් වහන්සේ වදාළා "පුත්‍රය, ඉවසපං.... මේ සංසාරේ සැරිසරා යද්දී තියෙන අනතුර තමයි ඔය. එක ආත්මයක පොඩි දරුවෙක් හැටියට සෙල්ලම් කර කර ඉන්දෙද්දී කොහොඹ කූරක් අරගෙන මැස්සෙකුට ඇන්නා. ඒකේ අන්තිම විපාකයයි මේ. තවත් ආත්මයක කේන්ති ගිහින් තමන්ගේ අම්මට බැන්නා තෝව කොහොඹ උලේ තියන්ට ඕනෑ කියලා.

පුත්‍රය, ඒකේ විපාක හැටියට ආත්මභාව පන්සීයක් උඹට උල හින්දලා මැරෙන්න සිද්ධ වුනා. මේ අන්තිම ආත්මේ. පුත්‍රය, සතිපට්ඨානය විතරයි උඹට පිහිට" කියලා ඔළුව අතගෑවා.

බුදුරජාණන් වහන්සේ හිසට අත තියපු ගමන් අර වේදනා ඔක්කොම නැතිවෙලා ගියා. සිතට ප්‍රීතිය උපන්නා. සතිපට්ඨානයේ සිහිය පිහිටියා. හිත සමාධිගත වුනා. අරහත් ඵලයට පත්වෙනකොට ම උලෙන් ගැලවිලා අහසට ගියා. අහසේ එරමිණියා ගොතාගෙන ඉන්දෙද්දී අර තුවාල වෙච්ච ඒවා ඔක්කොම ඒ මොහොතෙම සනීප වුනා. ඊට පස්සේ අවුරුදු විස්සෙදි උපසම්පදා වුනා. අවුරුදු එකසිය විස්සක් වැඩහිටියා.

පුරන ලද පින් ඇති උතුමන්ටත් සිද්ධ වෙච්චි දේවල්....

බලන්න, පුරන ලද පාරමී බලයෙන් යුත් මහෝත්තමයන්ටත් සංසාරේ තියෙන බිහිසුණු බව බලපෑ ආකාරය. බුදුවරු මුණගැහිලා, බුදුවරුන්ට පිදුම් පුදලා, මහා ආශ්චර්ය දකලා ආපු අයටත් තමන්ගේ අතින් වැරදිච්ච දේවල්වලින් තමන්ගේ ඉරණම තීරණය වුනා නම්, මේ කාලේ මිනිස්සු කරගන්න දේවල් කොහොම යයිද දන්නේ නෑ සංසාරේ.

ඉතින් මේ දේශනාවෙදි බුදුරජාණන් වහන්සේ පළමුවෙන් ම වදාළා සාගර ජලය වේලී යන දවසක් එනවා. හැබැයි අවිද්‍යාවෙන් වැසී තෘෂ්ණාවෙන් බැඳී සිටින සත්වයාගේ සසර සැරිසැරීම නැතුව යන්නේ නෑ. මහාමේරු පර්වතය නැතිවී යන දවසක් එනවා. හැබැයි

අවිද්‍යාවෙන් වැසුනු තෘෂ්ණාවෙන් බැඳුනු සත්වයාගේ සංසාර ගමන එහෙම නැතුව යන්නේ නෑ. මහපොළොව නැති වී යන දවසක් එනවා. නමුත් අවිද්‍යාවෙන් වැසුනු තෘෂ්ණාවෙන් බැඳුනු සත්වයාගේ සසර දුක එහෙම නැතිව යන්නේ නෑ කියලා.

කණුව වටේ ම යි ඉන්ට තියෙන්නේ....

ඊට පස්සේ බුදුරජාණන් වහන්සේ දේශනා කරනවා **(සෙය්‍යථාපි භික්ඛවේ සා ගද්දූලබද්ධෝ දළ්හේ ඛීලේ වා ථම්භේ වා උපනිබද්ධෝ)** "මහණෙනි, දම්වැලකින් ගැටගහපු සුනඛයෙක් ශක්තිමත් හුලක හරි, කණුවක හරි බැඳලා තියෙනවා. **(තමේව ඛීලං වා ථම්භං වා අනුපරිධාවති අනුපරිවත්තති)** ඒ සතා ඒ හුල හෝ කණුව ඇසුරු කරගෙන ඒ වටේමයි දුවන්නේ. ඒ වටේමයි පෙරළෙන්නේ." බල්ලෙක්ව දම්වැලකින් බැඳලා කණුවක ගැටගහලා තියෙනකොට ඒ බල්ලට යන්ට පුළුවන් දම්වැලේ දුර තියෙනකම් විතරයි. දම්වැල තියෙනවා නම් මීටර් දෙකක් බල්ලට යන්ට පුළුවන් මීටර් දෙකයි. දම්වැල තියෙනවා නම් මීටරයක් බල්ලට යන්ට පුළුවන් මීටරයයි. ඒ ප්‍රමාණයෙන් කණුව වටේ කැරකෙනවා මිසක් වෙන කිසි දෙයක් කරන්ට බෑ.

ඒ සුනඛයාව දම්වැලෙන් ගැටගහපු කණුව වගේ තමයි පංච උපාදානස්කන්ධය. දම්වැල වගේ තමයි මම, මගේ, මගේ ආත්මය කියන තෘෂ්ණා සහගත හැඟීම. පංච උපාදානස්කන්ධය නමැති කණුව වටේම කැරකි කැරකී ඉන්න සුනඛයා වගේ තමයි අශ්‍රැතවත් පෘථග්ජනයා.

මුළාවෙන් මුළාවට පත්වන ලෝකය....

දැන් අපට මේ විදිහට ධර්මය අහන්ට ලැබුනට ලෝකෙ අනිත් අයට මේක අහන්න ලැබෙන්නේ නෑ. ඔබ අහලා ඇති ඔය ජපානයේ, වියට්නාමයේ වගේ රටවල්වල තියෙනවා සෙන් බුඩිසම් කියලා එකක්. ඒගොල්ලන්ගේ සෙන් මාස්ටර් කියනවා "අවලෝකිතේෂ්වර මන්තරය කිය කිය ඉන්න. එතකොට එයාගේ කරුණාවෙන් අපට දුක වැටහෙන්ට ගන්නවා. දුක වැටහුනොත් සමුදය නිරෝධය මාර්ගය වැටහෙනවා" කියලා. මාර්ගය හැටියට විස්තර කරන්නේ අර මන්තරය කීම. දහස් ගණන් ඉන්නවා ඒක අහගෙන.

තව දවසක් මම ඔය දලයිලාමාගේත් විස්තරයක් ඇහුවා. දලයිලාමා කියනවා "බුදුරජාණන් වහන්සේ ඉස්සෙල්ලා චතුරාර්ය සත්‍යය ධර්මය දේශනා කළා. ඊට පස්සේ විශේෂ පිරිසකට අඬගහලා ඒගොල්ලන්ට කිව්වා ඕක එපා, බුදුබව පතන්ට කියලා. ඒගොල්ලෝ ඒක පුද්ගලිකව කළා. ඊට පස්සේ එතනිනුත් තව කොටසක් ගත්තා. ඒගොල්ලන්ට මන්ත්‍ර තන්ත්‍ර ඉගැන්නුවා" කියලා. දාස් ගාණක් වටවෙලා මේවා අහගෙන ඉන්නවා. ඒවා අහලා මං කල්පනා කළා 'අනේ මේ ලෝකේ බුදුකෙනෙකුගේ ධර්මයක් නැතුව ගියාම මිනිස්සු බලු දම්වැලෙන් ගැටගහපු සත්තු වගේ නේද.... වෙන මොකුත් නෑනේ' කියලා. එබඳු ලෝකෙකයි අපි මේ ධර්මය අහන්නේ.

අශ්‍රැතවත් පෘථග්ජනයාගේ ස්වභාවය....

බුදුරජාණන් වහන්සේ වදාළා (**ඒවමේව ඛෝ භික්ඛවේ අස්සුතවා පුථුජ්ජනෝ**) "මහණෙනි, ධර්ම

ශ්‍රවණයෙන් කළයුතු දේ නොකරගත්තු (අශ්‍රුතවත්) පෘථග්ජනයාත් කණුවක දම්වැලෙන් බැඳපු සතෙක් වගේ කෙනෙක්" කිව්වා. ඒ පෘථග්ජන කෙනා **(අරියානං අදස්සාවී)** ආර්යයන් ව අඳුනන්නේ නෑ. **(අරියධම්මස්ස අකෝවිදෝ)** ආර්ය ධර්මයට දක්ෂත් නෑ. **(අරියධම්මේ අවිනීතෝ)** ආර්ය ධර්මයේ හික්මිලත් නෑ.

ඔබ දන්නවා බාහිය දාරුචීරිය ගැන. බාහිය දාරුචීරිය නැව් නැගලා වෙළඳාමේ යද්දි නැව කැඩුනා. එතකොට මෙයත් මුහුදට වැටිලා දවස් ගාණකට පස්සේ සුප්පාරක කියන පටුනට පාවෙලා ආවා. (සුප්පාරක පටුනට දැන් කියන්නේ බොම්බාය කියලා) වස්ත්‍ර මොකුත් නැති නිසා වෙරළ ආසන්නයේ තිබිච්ච කැලෑවෙන් හොයාගත්ත දර පතුරු එකතු කරලා පොරවගත්තා. ඊට පස්සේ මිනිස්සුන්ගෙන් මෙයාට ටිකෙන් ටික වැඳුම් පිදුම් ලැබෙන්න පටන් ගත්තා.

ඉෂ්ට දේවතා පිහිට....

ටික දවසක් යනකොට එයාට හිතුනා 'දැන් මම රහත්. ලෝකයේ යම් රහත් පිරිසක් ඇද්ද, මමත් ඒ රහතුන් අතර කෙනෙක්' කියලා. එතකොට මෙයාගේ කලින් ආත්මේ සම්බන්ධයක් තියෙන, එකට මහණදම් පුරපු, පෘථග්ජන නොවන දෙවිකෙනෙක් හිටියා. ඒ දෙවියා අනාගාමී වෙලා බ්‍රහ්මලෝකේ හිටියේ. අනාගාමී වෙච්ච කෙනා ආර්යයන් වහන්සේලා දකිනවා. ආර්ය ධර්මයට දක්ෂයි. ආර්ය ධර්මයේ හික්මිලා.

ඒ දෙවියා බැලුවා 'අපිත් එක්ක එකට මහණදම් පුරපු අපේ මිත්‍රයා කෝ...?' කියලා. බලද්දී දරපතුරු ඇඳගෙන තමන් රහත් කියලා හිතාගෙන ඉන්නවා

දැක්කා. අර දෙවියා ගිහින් 'ඔබ රහතුන් අඳුනන්නේ නෑ. ඔබ රහත් මග දන්නෙත් නෑ. ඔබ රහත් කෙනෙකුත් නෙවෙයි' කිව්වා. එතකොට ඇහුවා "පින්වත් දෙවිය, එහෙනම් කව්ද රහත්? කව්ද රහත් මග දන්නේ...?" කියලා. බලන්න මේ සත්පුරුෂයන්ගේ කතාබහේ තියෙන විශේෂය. මෙතනදි ඒ දෙවියෝ කියන්නේ නෑ කලින් ආත්මේ ඔබයි මායි එකට භාවනා කළා කියලා. ඒ දෙවියා කියනවා "අන්න රහතන් වහන්සේ වැඩඉන්නවා සැවැත්නුවර ජේතවනයේ. උන්වහන්සේට තමයි 'බුද්ධ' කියලා කියන්නේ. උන්වහන්සේ රහත්, ඒ වගේම රහත් මග දන්නවා" කියලා.

රූපය පිළිබඳ සක්කාය දිට්ඨිය....

එතකොට බලන්න සාමාන්‍ය පෘථග්ජන කෙනා **(අරියානං අදස්සාවී)** ආර්යයන් අඳුනන්නේ නෑ. ආර්යයන් අඳුනගන්ට බැරිකම පෘථග්ජනයෙකුට තියෙන ලොකු ගැටලුවක්. **(අරියධම්මස්ස අකෝවිදෝ)** ඊළඟට පෘථග්ජනයාගේ තියෙන ස්වභාවය තමයි ආර්ය ධර්මය තේරුම් ගන්ට අදක්ෂයි. **(අරියධම්මේ අවිනීතෝ)** ආර්ය ධර්මයේ හික්මෙන්නෙත් නෑ. ඒ නිසා **(සප්පුරිසානං අදස්සාවී)** සත්පුරුෂයන්ව අඳුනන්නේ නෑ. **(සප්පුරිසධම්මස්ස අකෝවිදෝ)** සත්පුරුෂ ධර්මයට දක්ෂත් නෑ. **(සප්පුරිසධම්මේ අවිනීතෝ)** සත්පුරුෂ ධර්මයේ පුහුණු වෙලත් නෑ.

එබඳු කෙනා **(රූපං අත්තතෝ සමනුපස්සති)** රූපය තමන් කියලා ගන්නවා. එක්කෝ ගන්නවා (සෙය්‍යමාන) අන් අයට වඩා මම උසස් කියලා. එහෙම නැත්නම් ගන්නවා (සදිසමාන) අපි හැමෝම එකයි කියලා. එහෙම

නැත්නම් ගන්නවා (හීනමාන) අරගොල්ලෝ උසස් මම පහත් කියලා. ඕකෙන් බේරෙන්ට ලේසියෙන් බෑ. **(රූපවන්තං වා අත්තානං)** එහෙම නැත්නම් ගන්නවා තමා තුළ තියෙනවා සංසාරේ දිගින් දිගට යන දෙයක්. ඒක සතරමහා ධාතුන්ගෙන් හටගත්තු ආත්මයයි කියලා. එහෙම නැත්නම් ගන්නවා **(අත්තනි වා රූපං)** ආත්මයක් තියෙනවා, ඒ ආත්මය තුළ තමයි මගේ රූපය තියෙන්නේ කියලා. එහෙම නැත්නම් ගන්නවා **(රූපස්මිං වා අත්තානං)** මේ රූපය ඇතුලේ තමයි මගේ ආත්මය තියෙන්නේ කියලා. මේක තමයි රූපය පිළිබඳ සතර ආකාර සක්කාය දිට්ඨිය.

අනුන්ට ම ඇඟිල්ල දික් කරනවා....

බුදුරජාණන් වහන්සේ වදාළා එයා එතනින් නවතින්නේ නෑ. පෘථග්ජන කෙනා විඳීමත් ආත්මයයි කියලා ගන්නවා. තමන්ට දුක් වේදනා ලැබෙනකොට 'අරකා නිසා මට දුක උපන්නා.... අරකී තමයි මට දුක් වේදනා දුන්නේ....' කියලා තමන්ට හටගන්න යම් කායික දුකක් ඇද්ද, මානසික දුකක් ඇද්ද ඒකේ වගකීම පිට කෙනෙකුට දානවා. ඒක තමයි පෘථග්ජන එක්කෙනා කරන්නේ. පෘථග්ජන එක්කෙනා දන්නේ නෑ මේක ස්පර්ශයෙන් හටගත්තු දුකක්, ස්පර්ශය නැතිවීමෙන් මේ දුක නැතිවෙනවා කියලා.

ඊට පස්සේ බණිනවා 'මං මේ දුක් විඳින්නේ අසවලා නිසා.... අසවලා ආශ්‍රය කළ නිසා...' කියලා. පෘථග්ජනයාගේ ස්වභාවය තමයි හැමතිස්සේම අනුන්ට ඇඟිල්ල දික්කරගෙන ඉන්න එක. තමන්ගේ පැත්ත සුද්දෙට තියාගන්නවා 'නෑ නෑ... මට මොකුත් ප්‍රශ්නයක්

නෑ' කියලා. ඊළඟට කායික දුකක් ආවත් 'අනේ ඇයි මට මෙහෙම වෙන්නේ' කිය කිය කල්පනා කරනවා මිසක්, ඒක ස්පර්ශයෙන් හටගත්තු දුකක් කියලා දන්නේ නෑ.

දැන් බලන්න අර උත්තර සාමණේරයෝ. කොහොඹ උලේ වාඩිකරලා ඉන්දෙද්දීත් කල්පනා කළේ මාගේ උපාධ්‍යායන් වහන්සේට බෙහෙත් ටිකක් හම්බවුනාද දන්නෙ නෑ කියලයි. ලාමක අසත්පුරුෂයෙක් නම් හිතෙන්නේ එහෙම නෙවෙයි. 'අනේ මේ බෙහෙතක් හොයන්ට ගිහිල්ලා මට වෙච්චි දේ' කියලයි.

ගුණවන්තයන්ට පමණයි....

ඒ වගේම පින්වත්නි, මේකේ තව කොටසක් තියෙනවා අපි අනිවාර්යයෙන් ම තේරුම් ගතයුතු. ඒ තමයි ඔබට මතක ඇති මම නිතර කියලා තියෙනවා මේ ධර්මය ඉගෙන ගත්තු පමණින් අපට අවබෝධ වෙන්නේ නෑ කියලා. ඒකට හේතුව, මේ ධර්මය ගුණවන්තයාට පමණක් වැටහෙන එකක් නිසා. ධර්මයෙන් කරන්නේ ගුණයක් තුළින් පුද්ගලයාගේ තියෙන නුගුණ දුරු කරන එකයි. පුද්ගලයාගේ ගුණ දියුණු වීමෙන් පුද්ගලයාගේ නුගුණ නැතිවෙලා යනවා.

අපි කියමු කෙනෙක් බොරු කියන්නේ නෑ. එයා බොරු කියන්ට කැමති නෑ. එතකොට බොරු කියන්ට කැමති නැතිකම එයාගේ ගුණයක්. තව කෙනෙක් ඉන්නවා ඉඩ ලැබිච්ච ගමන් බොරු කියනවා. ඒක නුගුණයක්. ඒ නුගුණය ප්‍රහාණය කරන තුරු එයාට අර ගුණයට එන්ට බෑ. ඒක එයා ප්‍රහාණය කළොත්, ඒකෙන් වැළකුනොත් තමයි එයාට සත්‍ය වචනයේ පිහිට ලැබෙන්නේ.

වැඩිපුරම අහන්ට ලැබෙන දේවල්....

කෙනෙක් ඉන්නවා කේළාම් කියන. තව කෙනෙක් ඉන්නවා කේළාම් කියන්නේ නැති. කේළාම් කියන්නේ නෑ කියන්නේ ගුණයක්. වචනය සංවර වීම තියෙන්නේ එහෙනම් ගුණයක් මතයි. ඒ ගුණය නැත්නම් මම කේළාම් කීමෙන් වැළකී වාසය කරමි කියලා සමාදන් වුනාට ඒක පිහිටන්නේ නෑ. මම බොරු කීමෙන් වැළකී සිටිමි කියලා සමාදන් වුනාට එයා සත්‍ය වචනය පාවිච්චි කරන්ට තරම් ගුණවන්ත වෙලා නැත්නම් මේක කරන්න බෑ.

කේළාම් කීම කියන එක කරන්ට ලේසියෙන් පුළුවන්කම තියෙද්දීත් එයා කේළාම් නොකියා ඉන්නවා නම් අන්න අපිට කියන්ට පුළුවන් එයා තුළ ගුණයක් තියෙනවා කියලා. පරුෂ වචන කියන්ට පුළුවන්කම තියෙද්දී පරුෂ වචන නොකියා ඉන්නවා නම් එයා තුළ ගුණයක් තියෙනවා. හිස් වචන කියන්ට පුළුවන්කම තියෙද්දී හිස් වචන නොකියා ඉන්නවා නම් එයා තුළ ගුණයක් තියෙනවා. අපට මේ ලෝකේ වැඩිපුරම අහන්ට ලැබෙන්නේ ඕවනේ. එක්කෝ බොරු, එක්කෝ කේළාම්, එක්කෝ පරුෂ වචන, එක්කෝ හිස් වචන.

ගුණවත්කම නැතුව කොච්චර භාවනා කළත් වැඩක් නෑ....

හිස් වචන කියෝ කියෝ ඉන්නැතිව පාඩුවේ ඉන්ට පුළුවන් නම් ඒක ගුණයක්. ගුණයක් එක්ක තමයි වටිනාකම් ඔක්කොම තියෙන්නේ. ගුණයක් එක්ක නොවෙයි නම් වටිනාකම් පවතින්නේ, වැසිකිළි වලෙත් නෙළුම් පිපෙයි. ගුණ පිහිටලා නැති කෙනෙක් භාවනා කරන්ට ගිහිල්ලා

සමාධියක් ඇතිවුනා කියමු. ඒක හිතේ හැකියාවක්. නමුත් ගුණ නොපිහිටනකම් ධර්මය වැඩෙන්නේ නෑ.

එක දේශනාවක මහාකස්සප මහරහතන් වහන්සේ වදාළා අසත්පුරුෂයා වනාන්තරේ වාසය කරනවා ලාභ සත්කාර අපේක්ෂාවෙන්. අසත්පුරුෂයා තුන්සිවුරෙන් ඉන්නවා කියනවා ලාභසත්කාර අපේක්ෂාවෙන්. අසත්පුරුෂයා පිණ්ඩපාතේ යනවා කියනවා ලාභසත්කාර අපේක්ෂාවෙන්. අසත්පුරුෂයා පළවෙනි ධ්‍යානය, දෙවෙනි ධ්‍යානය, තුන්වෙනි ධ්‍යානය, හතරවෙනි ධ්‍යානය උපදවාගෙන ඉන්නවා කියනවා. ඒත් අසත්පුරුෂයි කියනවා. අසත්පුරුෂයා ආකාසානඤ්චායතනය, ආකිඤ්චඤ්ඤායතනය, විඤ්ඤාණඤ්චායතනය, නේවසඤ්ඤානාසඤ්ඤායතනයට සමවැදිලා ඉන්නවා කියනවා. ඒත් අසත්පුරුෂයි කියනවා. එහෙනම් ගුණ රහිත මනුස්සයාටත් ඒ ඔක්කොම කරන්ට පුළුවන්.

අසත්පුරුෂයා හැම දේකින් ම අන්‍යයන් මඩිනවා....

ගුණයක් නැති කෙනාටත් වනාන්තරේ වාසය කරන්ට පුළුවන්. ගුණයක් නැතිකෙනාටත් තුන්සිවුරෙන් ඉන්න පුළුවන්. ගුණයක් නැති කෙනාටත් පිණ්ඩපාතෙන් යැපෙන්ට පුළුවන්. ගුණයක් නැතිකෙනාට පළවෙනි ධ්‍යානයෙත් ඉන්ට පුළුවන්. දෙවෙනි ධ්‍යානයෙත් ඉන්ට පුළුවන්. ඒ හැම එකක් ම එයා පාවිච්චි කරනවා අන්‍යයන් මඩින්ට. ඒක තමයි අසත්පුරුෂයාගේ හැටි. 'මම ගුණවතෙක්. මට සලකාපං....' කියනවා.

මොකද හේතුව, අසත්පුරුෂයා සක්කාය දිට්ඨියෙන් යුක්තයි. අසත්පුරුෂයා රූපය සතර ආකාරයක

ආත්ම දෘෂ්ටියෙන් ගන්නවා. විඳීම සතර ආකාර ආත්ම දෘෂ්ටියෙන් ගන්නවා. සංඥාව සතර ආකාර ආත්ම දෘෂ්ටියෙන් ගන්නවා. සංස්කාර සතර ආකාර ආත්ම දෘෂ්ටියෙන් ගන්නවා. විඤ්ඤාණයත් සතර ආකාර ආත්ම දෘෂ්ටියෙන් ගන්නවා.

පංච උපාදානස්කන්ධය වටා ම යි කැරකෙන්නේ....

සාමාන්‍යයෙන් අපට වුනත් බැලූ බැලූ තැන පේන්නේ තමා, තමා ලබන අත්දැකීම් කියලා නේද? යම් දවසක තමා කියන හැඟීම විනිවිද ගිහිල්ලා අපට හේතුඵලදහමක් ප්‍රකට වෙනවා නම් ඒ ප්‍රකට වෙන්නේ අපේ ගුණය වැඩිච්ච දවසටයි. ගුණයක් නැතිව කෘතිම විදිහට හේතුඵල දහම ගැන අවබෝධයක් උපද්දවන්ට බෑ. තර්කයක් නම් ගොඩනගයි. දැන් ඔය මහායානිකයෝ කෙස් පැලෙන තර්ක ගෙනාවනේ ශූන්‍යතාව කිය කියා. අන්තිමට වුනේ මොකක්ද, මැරිලා ගිහිල්ලා ඔක්කොම සතර අපායේ උපන්නා. එච්චරයි.

බුදුරජාණන් වහන්සේ වදාළා ඒ අසත්පුරුෂ කෙනා ලෝකයේ යම්තාක් කැරකෙනවාද එයා කැරකෙන්නේ සතරමහා ධාතුන්ගෙන් හටගත්තු දෙයක් වටා ම යි. ලෝකයේ යම්තාක් කැරකෙනවාද එයා කැරකෙන්නේ විඳින දෙයක් වටා ම යි. යම්තාක් කැරකෙනවාද එයා කැරකෙන්නේ සංඥාව වටා ම යි. යම්තාක් කැරකෙනවාද කැරකෙන්නේ සංස්කාර වටා ම යි. යම්තාක් එයා කැරකි කැරකි ඉන්නවාද කැරකෙන්නේ විඤ්ඤාණය වටා ම යි. මේක ඉක්මවා යාගන්ට බෑ කියලා.

ගුණධර්ම නැතිකම මුළු සංසාරෙට ම බලපානවා....

සතෙක් දම්වැලකින් ගැටගසා කණුවක බැඳ සිටිනාතාක් දම්වැලේ ප්‍රමාණය මත ඒ කණුව වටේ ම කැරකි කැරකී ඉන්නවා මිසක් ඒ සතාට ඒකෙන් නිදහස් වෙලා බේරිලා යන්ට බෑ. අන්න ඒ වගේ අවිද්‍යාවෙන් වැසී, තෘෂ්ණාවෙන් බැඳී සිටින පෘථග්ජන සත්වයාත් දුකෙන් නම් නිදහස් වෙන්නේ නෑ කිව්වා.

එහෙනම් පින්වත්නි, හොඳට මතක තියාගන්න ධර්මාවබෝධය කියන්නේ ගුණධර්මයන්ගේ දියුණු වීමෙන් ලැබෙන දෙයක් ම යි. විදර්ශනා ප්‍රඥාව කියන එක ගුණධර්මයන්ගේ දියුණුවීම මත තියෙන්නේ. අර මං කලින් කිව්ව දේශනාවේ අසත්පුරුෂයා ගැන විස්තර කරන තැන විදර්ශනාව නෑ. සමථය විතරයි විස්තර කරලා තියෙන්නේ. ගුණධර්මයන්ගේ දියුණුවීම මත තමයි මේ ඔක්කොම තියෙන්නේ. ඒකයි මං කාලයක් තිස්සේ කියන්නේ මේකට ගුණධර්ම දියුණු වෙන්ට ඕන කියලා. ගුණධර්ම දියුණු නොවුනොත් මේ ආත්මෙත් ඉවරයි, ඊළඟ ආත්මෙත් සුං.... ගුණධර්ම නැතිකම මේ ආත්මෙට විතරක් නෙවෙයි, මුළු සංසාරෙට ම බලපානවා. බුදුරජාණන් වහන්සේගේ කාලෙත් ගුණධර්ම තියෙන අය තමයි මේ සසරෙන් නිදහස් වුනේ.

සාධාරණය ඉල්ලලා කෑගැහුවේ නෑ....

දැන් බලන්න නඩුව අහන්නේ නැතුව උත්තර සාමණේරයෝ දැක්කා විතරයි වස්සකාර ඇමතියා "හා මේකාද... මේකා අරන් ගිහින් කොහොඹ උලේ

ඉන්දවපං" කිව්වා. සමහරවිට උත්තර සාමණේරයෝ දකින්ට ඇති "හා... මේ අපේ මාමණ්ඩිනේ. මගේ නඩුව විසඳන්නේ නැතුව, මගෙන් සාක්කි අහන්නේ නැතුව මට තීන්දුව දුන්නා" කියලා ක්‍රෝධ සිතක් උපන්නේ නැත්තේ කොහොමද? ආන්න ඒකටයි ගුණ ධර්ම කියන්නේ. එයා සාධාරණය ඉල්ලලා කෑ ගැහුවා නම් "තමුසේ එකපාරටම තීන්දුව දෙන්න ඉස්සෙල්ලා මේ නඩුව අහලා බලනවා" කියලා එයා ලෝකෙත් එක්ක ම පැටලී පැටලී යනවා මිසක් ලෝකෙන් එතෙර වෙන්නේ නෑ. බලන්න ලෝකෙන් එතෙර වෙන්ට හිත හැදිලා තියෙන විදිහ.

ගුණධර්ම තියෙන්නේ ප්‍රඥාව මතයි....

මේ ගුණධර්ම කියන ඒවා කඩෙන් සල්ලිවලට බඩු ගන්නවා වගේ ගන්ට බෑ. මට ඕන නම් පුළුවන් "අපි දවස් දහයක භාවනා පන්තියක් මෙහේ තියනවා. ඒකට සහභාගී වෙන අයට මම අඩුම ගාණේ ධ්‍යානයක් හරි දෙනවා ම යි" කියලා කියන්න. එහෙම කිව්වොත් මේ ශාලාව පිරෙන්ට සෙනඟ හිටීවි. ඉඳලා ඔට්ටු වෙයි ධ්‍යානයක් උස්සන් යන්ට. හැබැයි ඇත්තටම සමාධියක් ඇති වෙන්ටත් පුළුවන්. මං ඒක නෑ කියන්නේ නෑ. නමුත් ගුණධර්ම දියුණු වෙනකම් එයාට විසඳුමක් නෑ. විසඳුම තියෙන්නේ සමාධිය තුළ නෙමෙයි, තමන් තුළ වැඩෙන්නා වූ ගුණධර්ම මතයි. ගුණධර්ම තියෙන්නේ ප්‍රඥාව මතයි. ප්‍රඥාවෙන් තොර මනුස්සයාට ගුණධර්ම නෑ. ඒකයි බුදුරජාණන් වහන්සේ වදාළේ මේ සියලු ගුණයන් අතර අග්‍ර ගුණය ප්‍රඥාව ම යි කියලා.

උන්වහන්සේ ඒක හරියට මේ වගේ දෙයක් කිව්වා. මුදුන් වහලට පරාල සවිකරන්ට නම් වහලේ

මැදට කැණිමඬලක් ඕනෑ. ඒ කැණිමඬලට තමයි පරාල වද්දන්නේ. කැණිමඬල නැත්නම් පරාල වද්දන්ට එකක් නෑ. අන්න ඒ කැණිමඬල වගේ කිච්චා ප්‍රඥාව. ප්‍රඥාවෙන් තමයි පුද්ගලයා අසත්පුරුෂ නොවී ඉන්නේ. ප්‍රඥාව නැති පුද්ගලයාට අසත්පුරුෂ වෙනවා කියන එක සුළු දෙයක්. කෙළෙහි ගුණ නසනවා කියන්නේ සුළු දෙයක්. තමන්ගේ වාසියට ඕන එකක් පෙරලගන්නවා කියන්නේ සුළු දෙයක්.

වාද කිරීමට ධර්මය පාවිච්චි කරන්න එපා....

හැබැයි ප්‍රඥාව කියන්නේ තර්ක කිරීම නෙමෙයි. ඒකයි බුදුරජාණන් වහන්සේ වදාළේ මේ ධර්මයට **(ගම්භීරෝ චායං ධම්මෝ අතක්කාවචරෝ)** මේ ධර්මය ගැඹුරු වූ, තර්කයට ගන්ට බැරි එකක් කියලා. ධර්මය තර්කයට ගන්ට ගිහිල්ලා, වාද කරන්ට ගිහිල්ලා තමයි ඉන්දියාවේ බුද්ධ ශාසනය අතුරුදහන් වෙලා ගියේ. ඉවසපු අය ඉවසලා තියෙන්නේ නුවණින් සලකලා ම යි. නුවණින් සලකන්ට උපකාරී වෙන්නේ බුදුරජාණන් වහන්සේගේ ධර්මය ම යි.

බුදුරජාණන් වහන්සේ වදාළා නම් ලෝභය අකුසලයක්, ද්වේෂය අකුසලයක්, මෝහය අකුසලයක් කියලා, නුවණින් සලකනවා කියලා කියන්නේ තමන් තුළ ලෝභයක් හෝ ද්වේෂයක් හෝ මෝහයක් හෝ හටගත්තාම 'අනේ මං තුළ මේ අකුසලයක් හටගත්තා. මං මේක දුරුකරන්ට ඕනෑ' කියලා කල්පනා කරනවා නම් අන්න එයාට ගුණවත් වෙන්ට අවස්ථාව තියෙනවා.

බුදුවරු පහළ වන කාලය....

ලෝභය හටගත්ත වෙලාවට තමන් ලෝභ කරපු දේ ගන්ට ම නම් පන්නන්නේ එයාට ගුණයක් වැඩෙන්ට අවස්ථාවක් නෑ. ද්වේෂය හටගත්ත වෙලාවට ද්වේශයට පාත්‍ර වුනේ යම් කෙනෙක් ද එයා පස්සෙම නම් පන්නගෙන යන්නේ එයාට ගුණයක් වැඩෙන්ට අවස්ථාවක් නෑ. මුළාවුනා නම් යම් දේකට ඒ මුළාවුන දේ පස්සෙම නම් යන්නේ එයාට ගුණයක් වැඩෙන්ට අවස්ථාවක් නෑ. ඒ නිසා මේ කාලේ ධර්මය පුරුදු කරනවා කියන්නේ අපි හිතන තරම් ලේසි එකක් නෙවෙයි. ඒකයි පින්වත්නි, බුදු කෙනෙක් පහළවෙන්ට ඉස්සර වෙලා පස්මහබැලුම් බලන්නේ. උන්වහන්සේ බලනවා සුදුසු කාලය. ඒ වෙද්දී, ධර්මාවබෝධය වෙනුවෙන් කැපවෙච්ච අය, සසරේ එද්දී ගුණධර්මයන් දියුණු කරගෙන ඇවිල්ලා, දෙවියන් අතරේ ඉඳලා, ආපහු මනුස්ස ලෝකෙට ඇවිල්ලා ඉන්නවා. අද කාලේ එහෙම එකක් නෑ.

අසිරිමත් ය ඒ සම්බුදු නුවණ....

ඉතින් බුදුරජාණන් වහන්සේ මේ දේශනාවෙදි අපට පැහැදිලි කරලා දුන්නා මහාසාගරය වේලිලා නැතිවෙලා ගියා කියලා, මහ පොළොව නැතිවෙලා ගියා කියලා, මහාමේරුව නැතිවෙලා ගියා කියලා සසරේ සැරිසරාගෙන යන සත්වයාගේ ගමන ඒ විදිහට අවසන් වෙන්නේ නෑ. අවිද්‍යාවෙන් වැසී සිටිනකම් තණ්හාවෙන් බැඳී සිටිනකම් එයාගේ ගමන හැදි හැදී යන එක නවතින්නේ නෑ කියලා. ඒ වගේම අශ්‍රැතවත් පෘථග්ජනයා දම්වැලකින් කණුවක බැඳලා ඉන්න සතෙක් වගේ සක්කාය දිට්ඨියට බැඳිලා ඉන්නවා කිව්වා.

ඒ සක්කාය දිට්ඨිය විසි ආකාරයි. රූපය හතර ආකාරයකට ආත්ම දෘෂ්ටියෙන් ගන්නවා. වේදනාව හතර ආකාරයකට ආත්ම දෘෂ්ටියෙන් ගන්නවා. සංඥාව හතර ආකාරයකට ආත්ම දෘෂ්ටියෙන් ගන්නවා. සංස්කාර හතර ආකාරයකට ආත්ම දෘෂ්ටියෙන් ගන්නවා. විඤ්ඤාණය හතර ආකාරයකට ආත්ම දෘෂ්ටියෙන් ගන්නවා. මේ විසි ආකාර සක්කාය දිට්ඨියෙන් ඉන්නේ.

විමුක්තියක් නම් ලැබෙන්නේ නෑ....

බුදුරජාණන් වහන්සේ වදාළා අර දම්වැලෙන් ගැටගහපු සතා යනතාක් යන්නේ කණුව වටා. ලගිනතාක් ලගින්නේ කණුව වටා. නිදන තාක් නිදන්නේ කණුව වටා. දුවන තාක් දුවන්නේ කණුවයි දම්වැලයි අතර ඇති දුර. ඒ වගේ මේ සත්වයා දිව්‍යලෝකයේ වේවා බ්‍රහ්ම ලෝකයේ වේවා නිරයේ වේවා මනුස්ස ලෝකයේ වේවා ප්‍රේත ලෝකයේ වේවා කොහේ උපන්නත් පංච උපදානස්කන්ධය ළඟ ම යි එයා කැරකෙන්නේ කියනවා. පංච උපාදානස්කන්ධය ම යි බදාගෙන ඉන්නේ කියනවා. එහෙව් කෙනා මේ ජාති ජරා මරණ දුක් දොම්නස් සුසුම් හෙළීම්වලින් නිදහස් වෙන්නේ නෑ කියනවා.

තමන්ගේ සිත ගැන ම නුවණින් විමසිය යුතුයි....

ඊළඟට බුදුරජාණන් වහන්සේ දේශනා කරනවා **(තස්මාතිහ භික්ඛවේ භික්ඛුනා අභික්ඛණං සකං චිත්තං පච්චවෙක්ඛිතබ්බං)** "ඒ නිසා මහණෙනි, භික්ෂුව තමන්ගේ හිතට වෙච්චි දේ ගැන නිතර නිතර නුවණින් විමසන්ට ඕනෙ. (තමන්ට වෙච්චි දේ ගැන නෙවෙයි.

තමන්ගේ සිතට වෙච්චි දේ ගැන). කොහොමද තමන්ගේ සිත ගැන නුවණින් විමසන්නේ? **(දීඝරත්තමිදං චිත්තං සංකිලිට්ඨං රාගේන දෝසේන මෝහේන)** අනේ මේ සසරේ බොහෝකල් මේ හිත රාගයෙන් කිලුටු වෙලානේ තියෙන්නේ. ද්වේෂයෙන් කිලුටු වෙලානේ තියෙන්නේ. මෝහයෙන් කිලුටු වෙලානේ තියෙන්නේ කියලා. **(චිත්ත සංකිලේසා භික්ඛවේ සත්තා සංකිලිස්සන්ති)** මහණෙනි, මේ සත්වයෝ කිළිටි වෙන්නේ සිත කිළිටි වීමෙන්. **(චිත්තවෝදානා සත්තා විසුජ්ඣන්ති)** සත්වයෝ පිරිසිදු වෙන්නේ සිත පිරිසිදු වීමෙන්."

ඊට පස්සේ බුදුරජාණන් වහන්සේ **(දිට්ඨං වෝ භික්ඛවේ චරණං නාම චිත්තං)** "මහණෙනි, ඔබ චරණ කියන චිත්‍රය දකලා තියෙනවාද?" කියලා අහනවා. ඒ කාලේ තිබිලා තියෙනවා චරණ චිත්‍රය කියලා එකක්. ඔය දැන් කාලේ තියෙන ටීවී එක වගේ මොකක් හරි තියෙන්න ඇති මවලා පෙන්වන එකක්. භික්ෂූන් වහන්සේලා පිළිතුරු දෙනවා එහෙමයි ස්වාමීනී කියලා. "මහණෙනි, මේ චරණ චිත්‍රයත් හිතින් ම නිර්මාණය කරපු එකක්. මහණෙනි, ඒ චරණ චිත්‍රයටත් වඩා මේ හිත හරී විචිත්‍රයි. ඒ නිසා තමන්ගේ හිත ගැන ම විමස විමසා බලන්ට. මගේ සිත බොහෝ කලක් තිස්සේ රාගයෙන් ද්වේෂයෙන් මෝහයෙන් කිලුටු වෙවී තියෙන්නේ" කියලා.

සිතේ තියෙන කිලුටු බැහැර කරන්න....

එහෙනම් සිතේ තියෙන මේ කිලුටු නැති වෙන්නේ කවද්ද? රාගය නැතිවෙච්ච දවසට, ද්වේෂය නැති වෙච්ච දවසට, මෝහය නැතිවෙච්ච දවසට. ඊළඟට බුදුරජාණන් වහන්සේ වදාළා **(නාහං භික්ඛවේ**

අඤ්ඤං ඒකනිකායම්පි සමනුපස්සාමි ඒවං චිත්තං. යථයිදං භික්ඛවේ තිරච්ඡානගතා පාණා) "මහණෙනි, මේ තිරිසන් ලෝකෙ තරම් විචිත්‍රවත් වෙන එක ලෝකයක් වත් මං දකින්නේ නෑ. ඒ තිරිසන්ගත සත්තුත් ඔක්කොම නිර්මාණය වෙලා තියෙන්නේ සිතෙන් ම යි. මහණෙනි, ඒ තිරිසන්ගත සතුන්ටත් වඩා සිත ම යි අතිශයින් ම විචිත්‍ර" කියනවා.

දැන් බලන්න නානාප්‍රකාර සත්වයෝ ඉන්නවනේ තිරිසන් ලෝකයේ. කකුල් ගොඩාක් තියෙන සත්වයෝ ඉන්නවා. කකුල් නැති සත්වයෝ ඉන්නවා. බඩගාගෙන යන සත්වයෝ ඉන්නවා. පීනගෙන යන සත්වයෝ ඉන්නවා. කකුල් දෙකෙන් යන සත්වයෝ ඉන්නවා. කකුල් හතරින් යන සත්වයෝ ඉන්නවා. අහසේ ඉගිලෙන සත්වයෝ ඉන්නවා. මේ විදිහට නොයෙක් ආකාරයේ සත්වයෝ ඉන්නවා. ඒ සත්තු ඔක්කොම නිර්මාණය වෙලා තියෙන්නේ සිතෙන් ම යි.

සිත කිලුටු වන අරමුණු...?

එතකොට බලන්න මේ හිත අපව මොනතරම් දේවල්වල පටලවනවද.... බුදුරජාණන් වහන්සේ වදාළා ඒ නිසා මහණෙනි, තමන්ගේ සිත ගැන ම කල්පනා කරන්න. ගොඩාක් කල් මේ සිත රාගයෙන් කිලුටු වෙලා නේද තියෙන්නේ... ද්වේශයෙන් කිලුටු වෙලා නේද තියෙන්නේ... මෝහයෙන් කිලුටු වෙලා නේද තියෙන්නේ... කියලා.

රාගයෙන් කිලුටු වෙනවා කියන්නේ රූප රාග, ශබ්ද රාග, ගන්ධ රාග, රස රාග, ස්පර්ශ රාග සහ අරමුණු සිහි කර කර ඉන්ට තියෙන ආශාවෙන් සිත කිලුටු

වෙනවා. ද්වේෂය කියන්නේ රූපයට ගැටෙනවා, ශබ්දයට ගැටෙනවා, ගන්ධයට ගැටෙනවා, රසයට ගැටෙනවා, ස්පර්ශයට ගැටෙනවා, සිතට මතක් වෙන දේවල්වලට ගැටෙනවා. ඒකෙනුත් සිත කිලුටු වෙනවා. මෝහය කිව්වේ රූපයට මුළා වෙනවා. අනුන් කියන දේට මුළා වෙනවා. නාසයට දැනෙන දේට මුළා වෙනවා. දිවට දැනෙන රසයට මුළා වෙනවා. කයට දැනෙන පහසට මුළා වෙනවා. මනසට සිතෙන සිතිවිලිවලට මුළා වෙනවා. එතකොටත් සිත කිලුටු වෙනවා.

කිලුටු බැහැර කරන්නේ ධර්මයෙන් ම යි....

මේ විදිහට රාගයෙන් කිලුටු වෙවී, ද්වේශයෙන් කිලුටු වෙවී, මෝහයෙන් කිලුටු වෙවී තියෙන හිතක් එක්කයි මෙච්චර කල් අපි ආවේ. සිත කිලුටු වීම නිසා තමයි මේ සත්වයෝ කිලුටු වෙන්නේ. සත්වයා පිරිසිදු වෙන්නේ සිත පිරිසිදු වීමෙන්. අපේ ජීවිත කිලුටුවීම වළක්වන්ට පුළුවන් බුදුරජාණන් වහන්සේගේ ධර්මයට පමණයි. වෙන කිසි දේකට වළක්වන්ට බෑ. අසත්පුරුෂයාට පුළුවන් ධ්‍යානයක් උපදවාගෙන ඉන්ට. නමුත් අසත්පුරුෂ බව නැතිකරන්ට බෑ. ඒකට සත්පුරුෂ ගුණය ම ඇතිකර ගන්ට ඕන.

ඊළඟට බුදුරජාණන් වහන්සේ වදාළා "මහණෙනි, මනුස්සයෙක් රතුපාට නිල්පාට කහපාට ආදී පාට එකතුකරලා, හොඳට ඔපදමාපු බිත්තියක හෝ එලකයක හෝ ලෑල්ලක හෝ වස්ත්‍රයක, සියලු අඟපසඟින් යුක්ත ස්ත්‍රී රූපයක් හරි පුරුෂ රූපයක් හරි අඳිනවා. (**ඒවමේව බෝ භික්ඛවේ අස්සුතවා පුථුජ්ජනෝ රූපඤ්ඤේව අභිනිබ්බත්තෙන්තෝ අභිනිබ්බත්තේති**) මහණෙනි,

අන්න ඒ විදිහට ම අශ්‍රැතවත් පෘථග්ජනයාත් උපද්දවනවා නම් උපද්දවන්නේ රූපයක් ම යි. විඳින දෙයක් ම යි උපද්දවන්නේ. හඳුනාගන්න දෙයක් ම යි උපද්දවන්නේ. සංස්කාරයක් ම යි උපද්දවන්නේ. විඤ්ඤාණයක් ම යි උපද්දවන්නේ. වෙන එකක් උපද්දවන්ට බෑ" කියනවා.

බුද්ධ වචනය ගැන හිත පහදවා ගන්න....

එතකොට පෘථග්ජන කෙනා රූප - වේදනා - සංඥා - සංස්කාර - විඤ්ඤාණ කියන මේවාට තමයි සම්පූර්ණයෙන් ම අහුවෙලා ඉන්නේ. බුදුරජාණන් වහන්සේව සරණ ගියපු ශ්‍රාවකයා අමතක කරන්ට හොඳ නෑ තමන් දීර්ඝ සසරක ආපු එක්කෙනෙක් බව. බුදුරජාණන් වහන්සේ අපට දේශනා කරලා තියෙනවා මේ ලෝකය විනාශ වෙන කාලෙට ඉර එකක් නෙමෙයි, ඉරවල් දෙකක් නෙමෙයි, ඉරවල් තුනක් නෙමෙයි, ඉරවල් හතක් පායලා, මහාසාගරය සම්පූර්ණයෙන් ම සිඳිලා ගිහිල්ලා, මහපොළොවත් ගිනි අරගෙන පුපුරලා, සුනු විසුනු වෙලා, නැත්තට නැතිවෙලා යනවා කියලා.

එතකොට අපේ හිතේ පැහැදීමක් තියෙන්න ඕනෙ ඒ බුද්ධ වචනය ගැන එහෙනම් අපි එබඳු එකකුත් පහු කරගෙන ඇවිල්ලා තියෙනවා කියලා. ඒ වගේම අපට තියෙන්න ඕන පැහැදීමක් අනාගතයේත් ඉරවල් හතක් පායලා, මහාසාගර ජලය වේළී ගිහිල්ලා, පොළොව සුන්නද්දූලි වී ගියත් අවිද්‍යාව නැතිවනතුරු තෘෂ්ණාව ප්‍රහාණය වනතුරු අපට මේ සංසාරේ යන්ට වෙනවා කියලා.

ප්‍රාර්ථනාවෙන් සසර ගමන අවසන් කරන්ට බෑ....

අපි සංසාරේ යන්ට අකමැති නම් ඒ ගමන නවත්වන එක ප්‍රාර්ථනාවෙන් කරන්ට බෑ. මොකද හේතුව, හැදී තියෙන දේවල් හැදිලා තියෙන්නේ ප්‍රාර්ථනාවෙන් නම් ඒවා නැති කරන්ටත් ප්‍රාර්ථනාවෙන් පුළුවන්. නමුත් මේ හැම දෙයක් ම හැදිලා තියෙන්නේ හේතු නිසා. ඒ හේතු නැතිවෙනකම් ම ඒවා නැතිකරන්ට බෑ. ඒක පරම සත්‍යයක්. ඒක මේ ලෝකයේ සියලු ගහකොළ, සතාසිව්පාවා ආදී හැමදේටම පොදු න්‍යායක්. හේතුව නැති කරන්ට බෑ ප්‍රාර්ථනාවකින්. ඒකට වැඩපිළිවෙළක් තියෙනවා. හේතුව නැති කළාම ඵලය නැතිවෙනවා.

ඒකට බුදුරජාණන් වහන්සේ ලස්සන උපමාවක් දේශනා කළා. සාරවත් පොළවක අරටුව සහිතව වැඩුණු ගසක් තියෙනවා. ඒ ගහේ යටටත් මුල් ගිහිල්ලා. හරස් අතටත් මුල් විහිදිලා. ඒ විදිහට යටටයි හරස් අතටයි ගහේ මුල් යන්නේ මොකටද? පෘථිවි සාරය ගන්ටයි. පෘථිවි සාරය ගන්නේ මොකටද? ගහ වැඩෙන්ටයි. එහෙනම් ගහේ වර්ධනය තියෙන්නේ පෘථිවි සාරය ගැනිල්ල මතයි.

සංසාරය නමැති වෘක්ෂයේ අවසානය....

බුදුරජාණන් වහන්සේ දේශනා කළා එක්තරා පුද්ගලයෙක් ඇවිල්ලා මේ ගහ මුලින්ම කපනවා. කපලා කෑලි කරනවා. ඊට පස්සේ මුල වටේට හාරලා වටේට පැතිර ගිය මුලුයි යටට ගිය මුලුයි ඔක්කොම ගලවනවා. සැවැන්දරා මුලක ප්‍රමාණයේ මුලක්වත් ඉතුරු කරන්නේ නෑ. ගලවලා ඒ ඔක්කොම කෑලි කෑලිවලට කපනවා.

කපලා අව්වේ දාලා වේලනවා. වේලලා ගිනි තියනවා. ඊට පස්සේ අළු ටික හුළඟේ පාකරලා හරිනවා. එහෙම නැත්නම් ගඟක පාකරලා හරිනවා. ඒ වගේ එකක් කියනවා නිවන.

ගහේ මුල් යටට ගිහිල්ලා, වටේට පැතිරිලා ගිහිල්ලා පෘථිවි සාරය ඇදලා ගන්නවා වගේ අවිද්‍යාවෙන් වැසුනු තෘෂ්ණාවෙන් බැඳුනු ආහාර සහිත වූ විඤ්ඤාණය නාමරූපයේ බැසගන්නවා. විඤ්ඤාණය නාමරූපයේ බැසගැනීමෙන් භවය හටගන්නවා. භවය හටගැනීමෙන් උපදිනවා. ඉපදීමෙන් ජරාමරණ සෝක පරිදේව දුක් දොම්නස් සියල්ල හටගන්නවා.

හේතු නැතිවීමෙනුයි ඵල නැතිවන්නේ....

අවිද්‍යාව නිරුද්ධ වීමෙන් තෘෂ්ණාව ප්‍රහාණය වීමෙන් විඤ්ඤාණය ආහාර රහිත වෙනවා. ආහාර රහිත වූ විඤ්ඤාණය නාමරූපයේ බැසගන්නේ නෑ. විඤ්ඤාණය නාමරූපයේ නොබැසගන්නා කල්හි භවය නිරුද්ධ වෙනවා. භවය නිරුද්ධ වීමෙන් ඉපදීම නිරුද්ධ වෙනවා. ඉපදීම නිරුද්ධ වීමෙන් ජරාමරණ දුක් දොම්නස් සියල්ල නිරුද්ධ වෙනවා. අන්න ඒ දුක නිරුද්ධ වෙන වැඩපිළිවෙළ විස්තර කරන්න තමයි බුදුරජාණන් වහන්සේ ඒ උපමාව භාවිතා කළේ.

ඒ ගහ මුල්වලින් පෘථිවි සාරය අරන් හැදෙනවා වගේ විඤ්ඤාණය නාමරූපයේ බැසගෙන වැඩෙනවා කියනවා. අපි ඔක්කොම නිකම් සංසාරේ පැළවෙන ගස් වගේ. ඔන්න දැන් මේ ආත්මේ ගහ පැළවෙලා. මේ ආත්මේ ඒ ගහට අපි පොහොර දානවාද නැද්ද? පෘථිවි සාරය හොඳට ගන්නවා. කොහොමද ගන්නේ?

කයින් අකුසල් කරනවා. වචනයෙන් අකුසල් කරනවා. සිතෙන් අකුසල් කරනවා. ආහාර සහිත වූ විඤ්ඤාණය තමයි මැරෙනකොට ම චුත වෙන්නේ. ආහාර සහිත විඤ්ඤාණය චුතවෙනකොටම ආයෙත් නාමරූපයේ බැසගන්නවා. වෙන දෙයක් කරන්ට බෑ ඒ විඤ්ඤාණයට. මේකේ පුදුම සහගත දේ කියන්නේ ඒ සිද්ධි දාමය තමයි දිගින් දිගටම වෙන්නේ.

තමන් තමන්ව ම රවටා ගැනීම....

බුදුරජාණන් වහන්සේ ආත්මයක් නෑ කියපු වචනය තේරුම් ගැනිල්ල තරම් වාසියක් අපට තවත් නෑ. මොකද මේකේ ආත්මයක ක්‍රියාකාරීත්වයක් නෙවෙයි තියෙන්නේ. හේතුවක් නිසා ඵලය හටගන්න ධර්මතාවයක්. දැන් අපි ගත්තොත් එක එක විදිහට මිනිස්සු මැරෙනවනෙ. මැරිච්ච ගමන් මේ ආත්මයෙන් එයා සමුගත්තා. හැබැයි වෙන ආත්මයක විඤ්ඤාණය භවයේ බැසගත්තා. විඤ්ඤාණය නාමරූපයේ බැසගත්තු ගමන් භවයයි. **(භව පච්චයා ජාති)** භවය නිසා උපදිනවා. උපදින නිසා ආයෙ ජරාමරණ ම ලැබෙනවා. ආයෙ කොයි කොයි ආත්මේ උපන්නත් එයා කරන්නේ මුල්වලින් ගහට පොහොර ඇද ඇද ගන්න එක.

ඒ නිසා පින්වත්නි, "අනේ මේ දුක කවද්ද නැති වෙන්නේ.... අනේ අපට දුක් නැති ජීවිතයක් ලැබේවා.... භය නැති ජීවිතයක් ලැබේවා.... ආරක්ෂා සහිත ජීවිතයක් ලැබේවා...." කිය කිය පැතීමෙන් වෙන්නේ අපි අපවම රවට්ට ගැනීමක්. සුළු කාලෙකට අපි නිරෝගීව ඉඳියි. නමුත් ලෙඩවෙන එක තමයි ස්වභාවය. සුළු කාලෙකට අපි බෙහෙත් හේත් කරලා ඉඳියි. නමුත් නාකි වෙන එක

තමයි ස්වභාවය. ඒක වළක්වන්ට බෑ. සුළු කාලෙකට අපි ජීවත් වෙලා ඉඳියි. නමුත් කවදාහරි දවසක මැරිලා යනවා.

අනුන් විතරක් නෙවෙයි තමනුත් මැරෙනවා....

මරණය සම්බන්ධයෙන් බෝසතාණන් වහන්සේ මුහුණ දීපු හරි ලස්සන සිද්ධියක් ගැන මං ඔබට කලින් කියලා තියෙනවා. අර සම්මිල්ලාභාසිනී කියන තාපසිය මැරිච්ච වෙලාවේ මිනිස්සු ටික ඔක්කොම එකතු වෙලා අඬනවා ඇයි මෙච්චර ලස්සන එක්කෙනෙක් මැරුණේ කියලා. බෝසතාණන් වහන්සේ අහනවා "මෙයා විතරද මැරුණේ..? ඇයි ඔයගොල්ලෝ මැරෙන්නේ නැද්ද? එයා විතරක් නම් මැරෙන්නේ ඔයගොල්ලෝ මැරෙන්නේ නැත්නම් ඇඬුවට කමක් නෑ. ඔයගොල්ලොත් මැරෙනවනෙ. ඉතින් ඔයගොල්ලන්ගේ මරණය ගැන ඔයගොල්ලන්ට අඬන්ට කාරණාවක් නෙවෙයිද?" කියලා ඇහුවා.

ගුණවන්ත මනුස්සයාට තමයි යහපත විවෘත වෙන්නේ....

තමන් ළඟ ඉන්න අය විතරක් නෙවෙයි මැරෙන්නේ. තමාත් මැරෙනවා. තමා ඇලුම් කරන යම්කිසි කෙනෙක් ඇද්ද ඒ අයත් මැරෙනවා. ඒ ලෝක ධර්මය හඳුනාගෙන බුදුරජාණන් වහන්සේගේ ධර්මය මෙනෙහි කරගන්ට දක්ෂ වුනොත් ඒ දක්ෂතාවයත් එක්ක තියෙන්නේ ගුණවන්තවීමයි. මං ඒකයි ගොඩක් දුරට ගුණවන්ත වීම ගැන ම කියන්නේ. ගුණවන්ත වෙන මනුස්සයාට තමයි අයහපත වැහිලා හැම යහපතක් ම විවෘත වෙන්නේ. ගුණවන්ත දෙවියාටත් එහෙමයි, ගුණවන්ත මනුස්සයාටත්

එහෙමයි. යම් සතෙක් ගුණවන්ත නම් ඒ සතාටත් ඒක එහෙමමයි. සතෙක් වුනත් ගුණවන්ත නැත්නම් ඒ සතාටත් යහපත විවෘත නෑ.

මහා කපි ජාතකයේ තියෙනවා බෝසතාණන් වහන්සේ එක්තරා ආත්මයක මහා වඳුරු රාජයෙක් වෙලා විසාල වඳුරු රංචුවක් එක්ක ඈත වනාන්තරේ ගඟක් අයිනක තිබිච්ච අඹ ගහක වාසය කරනවා. රජ්ජුරුවෝ සේනාවත් එක්ක ඇවිල්ලා රාත්‍රියේ අඹගහ වට කළා වඳුරන්ව අල්ල ගන්ට. එතකොට බෝධිසත්වයෝ මේ උවදුරෙන් තමන්ගේ පිරිසව බේරගන්න උපායක් කල්පනා කළා.

පෙරුම් පුරනවා කියන්නේ ගුණවන්තකම දියුණු කිරීමයි....

ඊට පස්සේ තමන්ගේ වල්ගයේ එක කොණක් අඹ අත්තක පටලවගත්තා. ගඟේ එහා පැත්තේ ඉවුරේ තව ගහක අත්තක් තියෙනවා ගඟ පැත්තට හැරිච්ච. වේගයෙන් පැනලා අනිත් පැත්තේ අත්ත අල්ලගෙන අනිත් වඳුරන්ට කිව්වා වරෙල්ලා මගේ පිට උඩින් පැනපල්ලා කියලා. වඳුරෝ ඔක්කෝම බෝසතාණන් වහන්සේගේ පිට උඩින් තමයි එහා පැත්තට පනින්නේ. දැන් රජ්ජුරුවොයි සේනාවයි දුනු ඊතල තියාගෙන මේ ආශ්චර්ය දිහා බලාගෙන ඉන්නවා.

අන්තිමට එක වඳුරෙක් ඇවිල්ලා පැනපු ගමන් බෝසතාණන් වහන්සේගේ පිට හූරලා පහළට තල්ලු කරලා තමයි එහා පැත්තට යන්නේ. (ඒ තමයි දේවදත්ත) බෝසත් වඳුරා එහෙමම ඇදගෙන වැටෙනවා පල්ලෙහාට. වැටිච්ච ගමන් රජ්ජුරුවෝ මිනිස්සු දම්මලා බෝසත්

වඳුරාව ගොඩට ගන්නවා. අරන් වැඳගෙන කියනවා මිනිස්සු ළඟ මේ ගුණ නෑනේ කියලා. එහෙනම් පෙරුම් පුරනවා කියලා බෝසතාණන් වහන්සේ සංසාරේ කරලා තියෙන්නේ ගුණවන්තකම ම පුරුදු කරපු එක නේද? අපි මේ ගුණවන්ත කමක් නැතුවද විමුක්තියක් හොයන්නේ? ගුණවන්ත නැති අයට ලෝකයේ කවදාවත් විමුක්තියක් නෑ. සුගතියකුත් නෑ.

පාප කර්මයන්ගේ බිහිසුණු විපාක....

අපට යම්කිසි ධර්මඥානයක් තිබුණොත් ඒ ධර්මඥානයෙන් මේ ආත්මේ යම්කිසි ලාභයක් උපද්දවයි. හැබැයි ඒක මේ ආත්මයේ ම ඉවර වෙයි. මේ ආත්මේ යම් ප්‍රසිද්ධියක් තිබුණොත් ඒ ප්‍රසිද්ධිය අපට ලාභයක් උපද්දවයි. අපට පණ තියෙනකම් පිරිසක් අපි වටේ ඉඳියි. කර්මානුරූපව මේ ආත්මෙන් චුතවෙනකොට ඒ කිසි දෙයක් නෑ. ඒ නිසා අපේ ජීවිතය සම්පූර්ණයෙන් ම දියුණු වෙන්නේ ගුණවන්තකම මත ම යි.

දැන් බලන්න හිතලා උත්තර රහතන් වහන්සේට අකුසල කර්ම දෙකක් ආත්මභාව පන්සියයක් බලපාපු හැටි. එක වතාවක් ළමයි එක්ක සෙල්ලම් කර කර ඉන්දෙද්දි කොහොඹ කූරකින් මැස්සෙකුට විද්දා. තව වතාවක් කේන්ති ගිහිල්ලා අම්මට බැන්නා තෝ කොහොඹ උලේ ඉන්දන්ට ඕනෑ කියලා. ඒ කර්ම, විපාක දුන්නේ එක ආත්මයක් නෙවෙයි. ආත්මභාව පන්සීයක් උල හින්දලා මැරුණා. සමහරවිට නිරපරාදේ අහක යන අභූත චෝදනාවකින් තමන් උල හින්දලා මැරෙන්න ඇති. නමුත් ඒකට හේතු වෙච්ච කාරණය කලින් ආත්මෙක රැස් කරලා.

සියලු ගුණයන්ගේ අති උත්තම සාරය....

අපට යන්ට වෙලා තියෙන මේ බිහිසුණු සංසාර ගමන ගැන අපට කියා දුන්නේ අපගේ ශාස්තෘන් වහන්සේයි. යම්කිසි කෙනෙක් ඒ ශාස්තෘන් වහන්සේ සරණ යන්නේ නැතුව, ධර්මය සරණ යන්නේ නැතුව, ශ්‍රාවක සංඝයා සරණ යන්නේ නැතුව විමුක්තියක් හෙව්වොත් ඊට වඩා ලේසියෙන් එයාට හම්බ වෙයි ඉබ්බන්ගෙන් පිහාටු. මොකද හේතුව, කවදාවත් තිසරණය සරණ යන්නේ නැතුව පුද්ගලයාට ධර්ම මාර්ගය තුළ ලැබෙන ප්‍රතිලාභ කිසි දෙයක් නෑ.

ඒකයි බුදුරජාණන් වහන්සේ වදාළේ **(ඒතං ඛෝ සරණං ඛේමං)** මේ සරණ ම යි ආරක්ෂා ස්ථානය. **(ඒතං සරණමුත්තමං)** මේ සරණ ම යි උතුම් සරණ. **(ඒතං සරණමාගම්ම)** මේ සරණට ඇවිල්ලා **(සබ්බදුක්ඛා පමුච්චති)** සියලු දුකෙන් නිදහස් වෙයි කියලා. එහෙනම් කෙනෙක් සියලු දුකෙන් නිදහස් වෙන්නේ බුදුරජාණන් වහන්සේ සරණ ගිහින්, ධර්මය සරණ ගිහින්, ශ්‍රාවක සංඝයා සරණ ගිහින්. ත්‍රිවිධ රත්නය කියන්නේ සියලු ගුණයන්ගේ අති උත්තම සාරයයි. ඒ ගුණ සාරය උපද්දවන මහා නිධානය තමයි බුදුරජාණන්වහන්සේගේ ධර්මය.

අපට තියෙන ලොකුම උදව්ව....

අපට ඕන නම් පුළුවන් මේ පටිච්ච සමුප්පාදය ගැන පොඩ්ඩක් කතා කරලා අපේ ධර්මඥානය හුවාදක්වගන්ට. නමුත් ඒක සාරය වෙන්නේ නෑ. සාරය බවට පත්වෙන්නේ ඊට අනුකූලව අපි ගුණවන්ත වුනොත් විතරයි. ගුණවන්ත වීමට බුදුරජාණන් වහන්සේගේ බුද්ධ වචනය සිහි කිරීම තරම් වෙන උදව්වක් නෑ. සමහරු

අපට බොරු කියනවා. අපට ඒ බොරුව මතක හිටිනවා. සමහරු අපට කේළාම් කියනවා. ඒ කේළම අපට මතක හිටිනවා. සමහරු අපට බණිනවා. ඒ බැණුම් අපට මතක හිටිනවා. සමහරු අපිත් එක්ක නිස්සාර ළාමක කතා කිය කිය ඉන්නවා. අපට ඒ කතන්දර මතක හිටිනවා. ඒ එකකින්වත් අපි ගුණවන්තයෝ වෙන්නේ නෑ.

එක බුද්ධ වචනයක රහතුන් දාහක්....

යම් දවසක අපට බුදුරජාණන් වහන්සේගේ බුද්ධ වචනයක් මෙනෙහි කර කර ඉන්ට පුළුවන් නම් 'මේක කොච්චර ඇත්තක්ද...' කියලා ආන්න ඒකෙන් විතරයි අපි ගුණවන්තයෝ වෙන්නේ. ලෝක ධාතුවේ ම වෙන ක්‍රමයක් නෑ ගුණවන්තයෝ වීමට. එක්තරා අවස්ථාවක සහම්පතී බ්‍රහ්මරාජයා කියනවා බුද්ධ වචනයකට පුළුවන් කියලා රහතුන් දාහක් බිහි කරන්ට. රහතුන් දාහක් බිහි කරන්ට පුළුවන් නම් එක බුද්ධ වචනයකට, එහෙනම් ඒ වචනයෙන් විතරයි නේද අපිට ගුණවන්තයෝ වෙන්ට පුළුවන්? මේ කාලේ මිනිස්සුන්ට ගුණවන්ත වෙන්ට බැරි මොකද? තමන්ට ප්‍රයෝජනය පිණිස බුද්ධ වචනය මතක හිටින්නේ නෑ. අනුන්ට ගරහන්ට නම් කියයි.

ඒ නිසා පින්වත්නි, සතෙක් දම්වැලෙන් ගැටගහලා කණුවක බැඳලා ඉන්නවා වගේ, පංච උපදානස්කන්ධයට ගැටගැහිලා ඉන්න අපට මේ පංච උපාදානස්කන්ධ දුකෙන් නිදහස් වීමට බුදුරජාණන් වහන්සේගේ ධර්මයේ පිහිට ලැබේවා...!

සාදු! සාදු!! සාදු!!!

නමෝ තස්ස භගවතෝ අරහතෝ සම්මාසම්බුද්ධස්ස
ඒ භාග්‍යවත් අර්හත් සම්මා සම්බුදුරජාණන් වහන්සේට නමස්කාර වේවා!

02.
සවස් වරුවේ
ධර්ම දේශනය

සැදැහැවත් පින්වත්නි,

අපි අද උදේ වරුවේ ඉගෙන ගත්තේ ගද්දුලබද්ධ **සූත්‍රය** කියන බුද්ධ දේශනාව. දැන් අපි ඉගෙන ගන්නෙත් සංයුත්ත නිකායෙම ඇතුලත් වන තවත් බුද්ධ දේශනාවක්. මේ දේශනාවේ නම **මහාලි සූත්‍රය.** විශාලා මහනුවර මහා වනයේ උස් මුදුන් වහලවල් ඇති විහාරයක් (කූටාගාර ශාලාවක්) හදලා තිබුනා. ඒ විහාරයේ තමයි බුදුරජාණන් වහන්සේ ඒ දවස්වල වැඩ හිටියේ. එදා මහාලි කියන ලිච්ඡවී රජ්ජුරුවෝ බුදුරජාණන් වහන්සේ බැහැදකින්ට ගිහිල්ලා උන්වහන්සේට වන්දනා මානන කරලා එකත්පස්ව වාඩිවුනා.

වාඩිවෙලා බුදුරජාණන් වහන්සේට මෙහෙම කියනවා. "ස්වාමීනී, පූරණ කස්සපයා මෙහෙම කියනවා. **(නත්ථි හේතු නත්ථි පච්චයෝ සත්තානං සංකිලේසාය)** සත්වයන්ගේ කිලිටි වීමට හේතුවක් නෑ. ප්‍රත්‍යයක් නෑ. **(අහේතු අප්පච්චයා සත්තා සංකිලිස්සන්ති)** සත්වයා

කිලිටි වෙන්නේ හේතු ප්‍රත්‍යය රහිතවයි. **(නත්ථි හේතු නත්ථි පච්චයෝ සත්තානං විසුද්ධියා)** සත්වයන්ගේ පිරිසිදු වීමටත් හේතුවක් ප්‍රත්‍යයක් නෑ. **(අහේතු අප්පච්චයා සත්තා විසුජ්ඣන්ති)** හේතු ප්‍රත්‍ය රහිතව ම සත්වයා පිරිසිදු වෙනවා කියලා. භාග්‍යවතුන් වහන්සේ මේ ගැන මොකද කියන්නේ?" කියලා අහනවා.

උත්සාහයක් වීරියක් ගන්ට එපා....

ඔබ දන්නවා බුදුරජාණන් වහන්සේ ජීවමානව වැඩහිටපු කාලේ ජම්බුද්වීපයේ ශාස්තෘන් වහන්සේලා හැටියට පෙනී හිටපු හය දෙනෙක් හිටියා. ඒ තමයි නිගණ්ඨ නාථපුත්‍ර, අජිත කේසකම්බලී, පකුධ කච්චායන, සංජය බෙල්ලට්ඨිපුත්ත, මක්ඛලී ගෝසාල සහ පූරණ කස්සප. ඒගොල්ලන්ව හඳුන්වන්නේ ෂට් ශාස්තෘවරු කියලා. එතකොට මේ පූරණ කස්සප කියන කෙනාත් අවබෝධ වෙච්ච කෙනෙක් වගේ තමයි මිනිස්සුන්ට එයාගේ දේ කියාගෙන ගියේ.

පූරණ කස්සප තමයි කිව්වේ "උඹලා විමුක්තියක් වෙනුවෙන් වීරියක් උත්සාහයක් ගන්ට එපා. නිකං හිටපල්ලා. මනුස්සයෙක් කන්දක් උඩට නූල් බෝලයක් අරගෙන ගිහිල්ලා ඒ නූලේ කොණ අල්ලගෙන නූල් බෝලේ පහළට වීසිකළාම නූල්බෝලේ යන්නේ ඒ නූලේ දිගේ ප්‍රමාණයට විතරයි. එතනින් එහාට නූල්බෝලේ ගමන් කිරිල්ලක් නෑ. ඒ වගේ අසූහාරදහසක් යෝනිවල ඉපදුනාට පස්සේ නිකාම්ම විමුක්තියට යනවා. ඒ නිසා උඹලා කලබල නොවී හිටපල්ලා" කියලා. දැන් බලන්න, තර්ක කර කර ඒක කියන කොට ඒවා අහන්නත් මිනිස්සු හිටියා බුදුරජාණන් වහන්සේගේ කාලේ. එහෙනම් මෙකල ගැන ආයෙ කතා කරන්න දෙයක් නෑ.

භාග්‍යවතුන් වහන්සේට ලැබුණු අභියෝග....

එක්තරා අවස්ථාවක බුදුරජාණන් වහන්සේ වදාළා "මං අසවල් දවසේ සැවැත්නුවර ගන්ඩබ්බ කියන අඹරුක් සෙවනේ ප්‍රාතිහාර්ය පානවා" කියලා. එතකොට අර අනිත් ශාස්තෘවරුන්ගේ උදව්කාරයෝ ගිහිල්ලා කිව්වා "ස්වාමීනී, හරි වැඩේ... ශ්‍රමණ ගෞතමයන් වහන්සේ ඉර්ධි ප්‍රාතිහාර්ය පාන්ට තහනම් කරලා තියෙන්නේ තමන්ගේ ශ්‍රාවකයන්ට විතරයි. ආන්න උන්වහන්සේ ප්‍රකාශයක් කරලා තියෙනවා අසවල් දවසේ සැවැත්නුවර ගන්ඩබ්බ වෘක්ෂය සෙවනේ ඉර්ධි ප්‍රාතිහාර්ය පානවයි කියලා."

"ආ... එහෙමද? එක අඹ ගහක් තියන්ට එපා එහෙනම්..." කිව්වා. මුළු සැවැත්නුවර ම අඹගස් ගලවලා අයින් කළා. එහෙම කරන්න පුළුවන් වුනා කියන්නේ, එතකොට අපට හිතාගන්න පුළුවන් නේද ඒ කාලේ තිබිච්ච මතවාදවල හැටි. කොහොමත් තම තමන්ගේ මතය කියවගන්ට ලෝකයේ ගොඩක් මිනිස්සු ආසයි නෙ. ඉතින් පූරණ කස්සපගෙ මතය තමයි "සත්වයන් කිලිටි වෙන්ට හේතු මුකුත් නෑ. සත්වයා හේතු ප්‍රත්‍ය රහිතව කිලිටි වී යනවා. සත්වයෝ පිරිසිදු වෙන්ටත් ආයෙ කරන්න දෙයක් නෑ. හේතු ප්‍රත්‍ය රහිතව සත්වයා පිරිසිදු වෙනවා" කියන එක.

අභ්‍යන්තරයේ වැඩ කරන කෙලෙස්....

සමහරවිට එයා ඒක කියන්ට ඇත්තේ මෙහෙම හිතලා වෙන්ට පුළුවන්. ඔන්න මනුස්සයෙකුට මොකක් හරි ප්‍රශ්නයකට කේන්ති යනවා. එතකොට එයාට හොයාගන්න බෑ මේ කේන්තිය ගියේ කොහොමද කියලා.

එතකොට එයා හිතුවා මේක ඉබේ ඇතිවුනා කියලා. ටිකක් වෙලා යනකොට ඒ කේන්තිය සංසිඳිලා නැතිවෙලා ශාන්ත වෙලා යනවා. එතකොට මෙයා හිතන්ට ඇති 'හා... මේක නැතිවෙලා ගියානෙ. දැන් මොකුත් ප්‍රශ්නයක් නෑනෙ' කියලා. එතකොට මේ පුද්ගලයා දන්නෙ නෑ **අනුසය** කියලා එකක් තියෙන බව.

අනුසය කියලා බුදුරජාණන් වහන්සේ වදාළේ කෙලෙසුන්ගේ එක්තරා ක්‍රියාකාරීත්වයක් ගැනයි. ඒ කියන්නේ පිටින් බැලුවට හොයන්න බෑ මේ විදිහේ ක්ලේශයක් පුද්ගලයා තුළ තියෙනවා කියලා. හැබැයි ඒ ක්ලේශය ඇතුලේ වැඩකරනවා. ඒකට තමයි අනුසය කියන්නේ. අයෝනිසෝ මනසිකාරයේ යෙදෙනකොට ඇතුලේ වැඩකරකර තිබිච්ච එක නැගිටිනවා. ඒකට කියනවා **පරියුට්ඨාන** කියලා. **සංයෝජන** කියලා කියන්නේ ඒ ඉස්මතු වෙලා එන ක්ලේශයට බැඳීයාමටයි. **උපාදාන** කියලා කියන්නේ ඒ බැඳිච්ච එකට ග්‍රහණය වීමයි. එහෙම තමයි කෙලෙසුන්ගේ ක්‍රියාකාරීත්වය මේ සත්වයාට තියෙන්නේ.

පුරිසදම්ම සාරථී මුනිඳුන්....

බුදුරජාණන් වහන්සේගේ කාලේ භික්ෂූන් වහන්සේලා තිස් නමක් රහත් ය කියලා හිතාගෙන 'හරි... දැන් අපි ඔක්කොම කරගත්තා. අපි ගිහිල්ලා භාග්‍යවතුන් වහන්සේට අපේ පාරිශුද්ධ බව කියන්ට ඕනෑ' කියලා භාග්‍යවතුන් වහන්සේව බැහැදකින්ට ආවා. බුදුරජාණන් වහන්සේ පණිවිඩයක් ඇරියා වඩින ගමන් අමුසොහොනටත් ගිහිල්ලම එන්ට කියලා. සොහොනට යනකොට ළඟදි මැරිච්ච කාන්තාවකගේ සිරුරක්

සොහොනෙ තියෙනවා. සත්තු ඒ සිරුර ඔතලා තිබුණ වස්ත්‍ර එහෙට මෙහෙට ඇදලා අප්‍රකට ස්ථාන ප්‍රකට වෙලා.

අර භික්ෂූන් වහන්සේලාට රාගය හටගත්තා. ඇතුලේ සැඟවිලා තිබුණ කෙලෙස් ඉස්මතු වෙලා ආවා. ඒකට තමයි කියන්නේ පරියුට්ඨාන කියලා. ඇතුලේ වැඩකරකර තියෙන දෙයක් තමයි අවදි වෙන්නේ. ඇතුලේ නැති දේවල් නැගිටින්නෙ නෑ. එතකොට අනුසය කියලා කියන්නේ ඇතුලෙන් ක්‍රියාත්මක වෙවී තියෙන කෙලෙස්වලටයි. අරමුණක් ස්පර්ශ වුනාට පස්සේ අයෝනිසෝ මනසිකාරයත් එක්ක ඒක ඉස්මතු වෙලා එනවා. ඒකට කියනවා පරියුට්ඨාන කියලා. මේවා ඔක්කෝම හොයාගත්තෙ බුදුරජාණන් වහන්සේ නොවැ.

හුදෙකලාවේ පිරිනිවී යන මුනිවරු....

පින්වත්නි, මේ ලෝකයේ නිවන් අවබෝධ කරන පිරිස කොටස් තුනක් ඉන්නවා. පළවෙනි කොටස තමයි සම්මා සම්බුදුරජාණන් වහන්සේලා. උන්වහන්සේලා ස්වයංභූ ඥාණයෙන් ධර්මය අවබෝධ කරනවා. සම්බුදුරජාණන් වහන්සේ නමක් ධර්මය අවබෝධ කළොත් පමණයි මේ ලෝක සත්වයාට පොදුවේ ඒක ලැබෙන්නේ. බුදු කෙනෙක් පහළ වෙන්ට කලින් පසේ බුදුවරු ලෝකේ පහළ වෙනවා. උන්වහන්සේලාත් තනියම නුවණ විමසලා තමයි ධර්මය අවබෝධ කරගන්නේ. හැබැයි ඒක විස්තර කරගන්ට බෑ. ඒ අයට කියන්නේ පසේබුදුවරු කියලා. පසේබුදුවරු පහළ වෙන්නේ සම්බුදුරජාණන් වහන්සේ නමක් පහළ වෙන්ට කලින්. පස්සෙ නෙමෙයි.

බුදු කෙනෙකුගේ හැකියාව....

පසේබුදුවරුන්ගේ කාලේ අවසන් වුනාට පස්සේ ඔන්න සම්මා සම්බුදුකෙනෙක් පහළ වෙනවා. පහළ වුනාට පස්සේ පසේබුදුවරුන්ගේ යුගය නෙවෙයි ඒක. ඒක සම්මා සම්බුදුරජාණන් වහන්සේගේ යුගය. උන්වහන්සේ තමයි අප්‍රමාණ වචනවලින් අප්‍රමාණ විග්‍රහකිරීම්වලින් අප්‍රමාණ විස්තර විවරණවලින් තමන් අවබෝධ කරපු ධර්මය අන් අයට අවබෝධය පිණිස කියා දෙන්නේ. බුදුරජාණන් වහන්සේ නමකට විතරයි පුළුවන් තව කෙනෙකුට අවබෝධ කරවන්ට. බුදුරජාණන් වහන්සේලා තව කෙනෙකුට අවබෝධ කරන්ට පුළුවන් වෙන ආකාරයට ධර්මය කියා දෙනවා. ලෝකයේ අනිත් අය ඒක දන්නෙ නෑ.

අත්තකිලමථානුයෝගය බැහැර කළ යුතු අන්තයක්....

නිගන්ඨ නාථපුත්තත් කිව්වේ 'කරන්ට දෙයක් නෑ... උඹල කලින් ආත්මවල පව් රැස්කරලා තියෙනවා. ඒ පව් නැතිකරන්ට නම් ශරීරයට දුක් දීපං' කියලයි. ඒක අහලා එයාගේ ශ්‍රාවකයෝ තමන්ගේ ශරීරයට දුක් දුන්නා. එහෙම ලොකුවට වධ දෙන අය අද කාලේ ඉන්දියාවෙත් දකින්ට නෑ. ඒ කාලේ එහෙම නෙවෙයි. නොකා නොබී, මහා ගිනි කාෂ්ඨක අව්වේ, වටේ ගිනි ගොඩවල් ගහගෙන, ඔළුව උඩත් ගිනි මැලයක් තියාගෙන තපස් කරන්නේ. සමහරු ලෑලිවල ඇණ ගහලා ඒකෙ තමයි හාන්සි වෙලා ඉන්නෙ. ඊළඟට කටු සයනවල සැතපී ඉන්නවා. සමහරු දවසම තනි කකුලෙන් හිටගෙන අත් දෙක අහසට

උස්සාගෙන ඉන්නවා. සමහරු කණුවකට නැගලා, එක කකුලකින් වෙට්ටුවක් දාලා හයියෙන් අල්ලගෙන, අතක් දිගඇරගෙන ඉන්නවා. එහෙම අය නම් මැත භාගෙ වෙනකම් ම ඉඳල තියෙනවා. ඒ විදිහට දවස ම ඉඳලා බැහැලා යනවා.

අවාසනාවන්ත මිනිස්සු....

සමහර දවස්වලට බුදුරජාණන් වහන්සේ එහෙම අය ළඟට යනවා. ගිහිල්ලා අහනවා "ඔහේලා මොකදෑ මේ කරන්නේ?" කියලා. "අපට නිගණ්ඨ නාථපුත්‍ර කියා දීලා තියෙන්නේ උඹලා කලින් සංසාරේ පව් කරපු අය. ඒ පව් ශරීරයට දුක් දීලා ගෙවාපං කියලයි." එතකොට බුදුරජාණන් වහන්සේ "හරි එහෙනම් දැන් මේ වෙද්දී ශරීරයට දුක් දෙන්න පටන් අරන් කොච්චර කල් ද?" කියලා අහනවා. සමහරු කියනවා දැන් අවුරුදු දහයක් වෙනවා කියලා. සමහරු කියනවා දැන් අවුරුදු විස්සක් වෙනවා කියලා. ඊට පස්සේ බුදුරජාණන් වහන්සේ අහනවා "දැන් කොච්චර පව් ගෙවිලද?" කියලා. දන්නෙ නෑ කියනවා. ගෙවෙන්ට කොච්චර තියෙනවද කියලා අහනවා. ඒත් දන්නෙ නෑ කියනවා. ඊළඟට අහනවා කලින් ආත්මෙ කරපු පව් මොනවද කියල දන්නවද කියලා. ඒත් දන්නෙ නෑ කියනවා. නමුත් ඒවා කැමැත්තෙන් කරගෙන ගිය මිනිස්සු හිටියා.

ඉතින් ඒ වගේ පූරණ කස්සපත් කිව්වා සත්වයෝ කිලිටි වෙන්ට හේතු ප්‍රත්‍ය මොකුත් නෑ. ඉබේ ම කිලිටි වෙලා යනවා. සත්වයෝ පිරිසිදු වෙන්ටත් හේතු ප්‍රත්‍ය මොකුත් නෑ. ඉබේ ම පිරිසිදු වෙලා යනවා කියලා. එතකොට කිලිටි වෙන්නෙත් නිකාම් ම නම්, පිරිසිදු

වෙන්නෙත් නිකාම් ම නම්, එයාට උත්සාහයක් වීර්යයක් කැපවීමක් කරන්ට දෙයක් නෑ. එයාට ඔහේ බලාගෙන ඉන්ට තියෙන්නේ.

සත්වයන් කිලිටි වෙන්නේ හේතු සහිතවයි....

බුදුරජාණන් වහන්සේ මහාලිට වදාළා "නෑ මහාලි, ඔය අදහස වැරදියි. **(අත්ථි හේතු අත්ථි පච්චයෝ සත්තානං සංකිලේසාය)** සත්වයන් කිලිටි වෙන්ට හේතු තියෙනවා. සත්වයන් කිලිටි වෙන්ට කාරණා තියෙනවා. **(සහේතු සප්පච්චයා සත්තා සංකිලිස්සන්ති)** හේතු ප්‍රත්‍ය සහිතවයි සත්වයා කිලිටි වෙන්නේ. **(අත්ථි හේතු අත්ථි පච්චයෝ සත්තානං විසුද්ධියා)** ඒ වගේම මහාලි, සත්වයන් පිරිසිදු වෙන්ටත් හේතු ප්‍රත්‍ය තියෙනවා. සත්වයන් ඉබේ පිරිසිදු වෙන්නෙ නෑ. **(සහේතු සප්පච්චයා සත්තා විසුජ්ඣන්ති)** සත්වයන් පිරිසිදු වෙනවා නම් පිරිසිදු වෙන්නේ හේතු ප්‍රත්‍ය සහිතවයි" කිව්වා.

එතකොට මහාලි අහනවා "ස්වාමීනී, මේ සත්වයන් කිලිටි වෙන්ට හේතු වුනේ මොනවාද? හේතු ප්‍රත්‍ය සහිතව සත්වයන් කිලිටි වී යන්නේ කොහොමද?" කියලා. පින්වත්නි, මේ දේශනාවේ කියවෙන කරුණු ටිකක් ගැඹුරුයි. ඒත් බලන්න, බුදුරජාණන් වහන්සේ දැන් මේ විස්තරය කරන්නේ පැවිද්දෙකුට ද, ගිහියෙකුට ද? ගිහි කෙනෙකුට. හැබැයි ඒ කාලේ මිනිස්සුත් එක්ක ඕනතරම් ගැඹුරු මාතෘකා කතා කරන්ට පුලුවන්. ඒ මිනිස්සුන්ට ඒක තේරෙනවා. දැන් කාලේ ගැඹුරු එකක් කිව්වොත් ඒක කාටත් තේරුනේ නෑ කියමු. එතකොට ඒ නොතේරෙනකම තමයි පිදුම් ලබන්නේ. මේකෙ එහෙම නෑ.

රූපයේ ඒකාන්ත දුකක් නෑ....

ඔන්න දැන් බුදුරජාණන් වහන්සේ මහාලිට විස්තර කරනවා සත්වයෝ හේතු ප්‍රත්‍ය සහිතව කිලිටි වී යන ආකාරය ගැන. "මහාලි, රූපය **(ඒකන්ත දුක්ඛං අභවිස්ස)** ඒකාන්තයෙන් ම දුක් සහිත වූවක් නම්, රූපය ඒකාන්තයෙන් ම **(දුක්ඛානුපතිතං)** දුකේ ම බැසගත් එකක් නම්, **(අනවක්ඛන්තං සුඛේන)** රූපයේ සැපයක් ඇත්තේ ම නැත්නම් **(නයිදං සත්තා රූපස්මිං සාරජ්ජෙය්‍යුං)** සත්වයෝ රූපයට ඇලෙන්නේ නෑ" කියනවා.

රූපය කිව්වේ සතර මහා භූතයන්ගෙන් හටගත්තු දේවල්. අපි ඒක සරලව තේරුම් ගත්තොත් මේ ශරීරය, ඊළඟට අපේ ඇස් දෙකට පේන දේවල්, කනට ඇහෙන දේවල්, නාසයට දැනෙන දේවල්, දිවට දැනෙන දේවල්, කයට දැනෙන දේවල්, මේවා තමයි රූප. මේවා ඒකාන්තයෙන්ම දුකේ බැසගෙන නම් තියෙන්නේ, මේවායේ දුක විතරම නම් තියෙන්නේ, මේවායේ සැපයක් ඇත්තේ ම නැත්නම් කවදාවත් සත්වයෝ මේ රූපෙට ආසා කරන්නෙ නෑ කිව්වා.

කෙලෙස් සහිතව එකතුවීමෙන් කිලුටු වෙනවා....

"මහාලි, යම් කාරණයක් නිසා මේ රූපය සැපවත් ද, සැපයට නැඹුරු වීමක් තියෙනවා ද, සැපයේ බැසගෙන තියෙනවා ද, ඒ නිසයි සත්වයෝ රූපයට ආසා කරන්නේ." දැන් අපි ගත්තොත් මේ ශරීරයේ දුකක් විතරම නම් තියෙන්නේ, සැපයක් ඇත්තේ ම නැත්නම් කාලයක් යනකොට අපට මේ ශරීරය සම්පූර්ණයෙන් ම එපා වෙනවා. නමුත් මේ ශරීරය ඒකාන්ත දුක් සහිත වූ

දෙයක් නෙවෙයි. මේකේ ආශ්වාදයකුත් තියෙනවා. ඒකයි අපි මේ කයට ඇලිලා ඉන්නේ. **(සාරාගා සංයුජ්ජන්ති)** ඇලෙන නිසා රූපයත් එක්ක එයාගේ හිත එකතු වෙනවා. **(සංයෝගා සංකිලිස්සන්ති)** එකතු වීම නිසා කිලුටු වෙනවා. මේක තමයි සත්වයා කිලුටු වෙන්න හේතුව. මේ විදිහටයි සත්වයෝ හේතු ප්‍රත්‍ය සහිතව කිලුටු වෙන්නේ කියලා බුදුරජාණන් වහන්සේ දේශනා කරනවා.

නෙළුම්පත නොරඳනා - පැන් බිඳක් විලසට ම....

මේ රූපය කෙරෙහි ඇල්ම දුරු කරපු මුනිවරුන්ගේ ස්වභාවය ගැන බුදුරජාණන් වහන්සේ උපමාවක් දේශනා කරලා තියෙනවා. **(උදබින්දු යථාපි පොක්ඛරේ - පදුමං වාරි යථා න ලිප්පති)** නෙලුම් කොලේකට වතුර බින්දුවක් වැටුනොත් ඒ වතුර බින්දුව නෙලුම් කොළයත් එක්ක සම්බන්ධ වෙන්නේ නෑ. ඒක රූරා හැලෙනවා. ඒ වගේම නෙළුම් මල වතුරෙන් උඩට ඇවිල්ලා වතුරේ නොගෑවී තියෙනවා. **(ඒවං මුනිනෝ පලිප්පති - යදිදං දිට්ඨසුතංමුතේසු වා)** ඒ වගේ නිකෙලෙස් රහත් මුනිවරු දකින - අසන - දැනෙන කිසිවක් එක්ක සම්බන්ධයක් නෑ කිව්වා. මොකද හේතුව, ඒ කෙරෙහි තිබුණ ඇල්ම දුරු වීම නිසයි.

දැන් බලන්න හිතලා දෙමව්පියන්ට දරුවන්ගෙන් යම්තාක් ආශ්වාදය ඇත්ද, ඒ තාක් දරුවන්ට ඇල්මෙන් වාසය කරනවා. යම් දවසක දරුවන්ගෙන් තමන්ට කරදර එන්න පටන් ගන්නවා ද, කරදර එන්න එන්න ඒ දෙමාපියන්ට තමන්ගේ දරුවන් කෙරෙහි තියෙන ඇල්ම ටිකෙන් ටික නැතිවෙලා යනවා. ඊළඟට

ස්වාමියයි බිරිඳයි යම්තාක් කල් ඔවුනොවුන් කෙරෙහි ආශ්වාදයක් ඇද්ද ඒ තාක් බැඳී වාසය කරනවා. යම් දවසක ස්වාමියා බිරිඳට බොරු කරලා, වංචා කරලා, හිංසා කරලා, රවට්ටලා වාසය කරනවා කියලා බිරිඳ දැනගත්තොත් එදාට අර ආසාව නැතිවී යනවා. ඒ වගේ ඇහෙන් දකින රූපයේත් ආශ්වාදය තියෙනවා. කන බොන දේත් ආශ්වාදයක් තියෙනවා. අහන ශබ්දයේත් ආශ්වාදයක් තියෙනවා. සුවඳෙත් ආශ්වාදයක් තියෙනවා. ස්පර්ශයේත් ආශ්වාදයක් තියෙනවා. මනසට මෙනෙහි වන අරමුණුවලත් ආශ්වාදයක් තියෙනවා. ඒ ආශ්වාදය නිසා රූපයට ඇලෙනවා. ඒ ඇල්ම තමයි කිලුට.

අපුත්තක සිටාණන්ගේ පෙර ජීවිතය....

ඔබ අහලා තියෙනවා සැවැත් නුවර හිටපු අපුත්තක සිටාණන් ගැන. එයා මහා ධනවන්තව ඉඳලා, මැරුණට පස්සේ දරුවෝ නැති නිසා එයාගේ දේපල ඔක්කොම ආණ්ඩුවට අයිති වුනා. කොසොල් රජ්ජුරුවන්ට ඒ ධනය මාලිගාවට ගේන්න සතියක් ම ගතවුනා. ඒ තරම් ධනස්කන්ධයක්. මේ මනුස්සයත් පෙර ආත්මෙක බෝසතාණන් වහන්සේට සම්බන්ධයි. කොසොල් රජ්ජුරුවෝ බුදුරජාණන් වහන්සේව බැහැදැකලා මේ විස්තරේ කිව්වහම බුදුරජාණන් වහන්සේ එයාගේ කලින් ආත්මෙක විස්තරයක් වදාළා.

පෙර ආත්මෙක බෝධිසත්වයෝ එක්තරා නිවසක උපන්නා. කලවයස ආවට පස්සේ කසාදයකුත් බැඳලා දෙමාපින්ටත් සලකගෙන වාසය කළා. ටික කාලෙකින් පුතෙකුත් ලැබුනා. අම්මයි තාත්තයි මරණයට පත්වුනාට පස්සේ බෝධිසත්වයන්ට ගිහි ජීවිතය කළකිරුණා. ඊට

පස්සේ තමන්ගේ මල්ලිට කතාකරලා කිව්වා "මල්ලියේ, අද ඉඳන් මේ දේපල වස්තුව මගේ කොටහත් මං උඹට දෙන්නං. උඹ මේ අක්කවයි පුතාවයි හොඳට බලාගනිං. මේ ඉඩකඩම් දේපල දියුණු කරගෙන උඹ හොඳින් වාසය කරපං" කිව්වා. කියලා බෝධිසත්වයෝ හිමාලයට ගියා තාපසයෙක් වෙන්ට.

දේපොල නිසා දරුවව මැරුවා....

ටික කාලෙකින් ඔන්න මල්ලිත් කසාදයක් කරගත්තා. මල්ලිටත් පුතෙක් ලැබුනා. පුතා ටික ටික ලොකු වෙනකොට මල්ලි කල්පනා කළා 'මගෙන් පස්සේ මේ දේපොල ඔක්කොම අයිති වෙන්නේ මගේ පුතාටයි. ඒත් මේ ලොකු කොලුවත් ඉන්න නිසා ඒකාටත් කොටහක් දෙන්ට වෙනවා. එතකොට මේ දේපොල දෙකට බෙදෙනවා. මේ ලොකු කොල්ලාව නැති කළොත් සම්පූර්ණ දේපොල මගේ පුතාට නේද? එහෙනම් මොන උපායකින් හරි මං මේකාව මරන්න ඕනෙ' කියලා. ඔන්න අසත්පුරුෂයා හිතන සිතිවිලි. මරන්න ඕනෙ කියලා හිතුවේ බෝධිසත්වයන්ගේ පුතාව.

දවසක් වරෙන් පුතේ නාන්ට යන්ට කියලා ගඟට එක්කගෙන ගියා. ගිහිල්ලා ගඟේ නාමින් ඉන්න අතරේ අර පොඩි එකාව වතුරේ ඔබාගෙන හිටියා. පොඩි එකා මැරුනා. අතඇරියාම ගඟේ ගහගෙන ගියා. දැන් මෙයා තනියම එනවා. එනකොට බෝධිසත්වයන්ගේ ගිහි කාලේ හාමිනේ අහනවා "මල්ලියේ, කෝ අපේ පුතා?" කියලා. "අනේ බලන්ටකෝ අක්කේ... මම කිව්වා වතුරේ දඟලන්ට එපා කියලා. කොච්චර කිව්වත් ඇහැව්වේ නෑ. ඒකා ගඟේ ගහගෙන ගියා. මං හෙව්වා හෙව්වා... හොයාගන්ට

බැරිවුනා" කිව්වා. අර අම්මා හොඳටම අඬන්ට ගත්තා "අනේ මයෙ දරුවට වෙච්චි දේ..." කියලා.

ධනය ඉදිරිපිට නැතිවෙන සහෝදරකම්....

බෝධිසත්වයෝ ඒ වෙලාවේ ධ්‍යානයට සමවැදිලා හිටියේ. බෝධිසත්වයෝ මේ සිද්ධිය දැක්කා. තමන්ගේ සහෝදරයා වුනාට මේකා මහා අසත්පුරුෂයෙක්නේ කියලා හිතුවා. දැක්කද ධනය ඉස්සරහ සහෝදරකම් නැතිවෙන හැටි. බෝධිසත්වයෝ අහසින් ආවා ගෙදරට. ආවාට පස්සේ ගිහි කාලේ බිරිඳ ඉක්මනට දානෙ හදලා පූජා කළා. ඊට පස්සේ පුතා ගැන ඇහුවා. එතකොට අර මෑණියෝ අඬන්ට පටන් ගත්තා. "අනේ බලන්ට.... මේ මල්ලි එපා කියද්දි ගඟේ නාන්ට ගිහිල්ලා ගහගෙන ගොහින්" කිව්වා.

මල්ලිගෙන් ඇහුවා "හැබෑද මල්ලි? ගහගෙන ගියැයි...?" "අනේ ඒකනෙ තාපසින්නාන්ස, ගහගෙන ගියා" කිව්වා. "ගහගෙන ගියාද..? තෝ මැරුවද..?" කියලා ඇහුවා. මල්ලිට කටඋත්තර නැතිවුනා. "තෝ දැනගිය.... තෝ ධනය හේතුවෙන් මේ දරුවාව මරලා දැන් බොරුත් කියනවා නේද?" කියලා අහලා බෝධිසත්වයෝ එදා තර්ජනය කරලා ගියා. ඒ ආත්මේ ඉඳලා එයාට සංසාරෙට ම ළමයි නෑ. කසාද බඳිනවා. බැන්දට දරුවෝ නෑ. දේපොල අනුන්ට අයිති වෙනවා. තව ආත්මෙක එයා තගරසිඛී කියන පසේබුදුරජාණන් වහන්සේට දානෙ දුන්නා. එදාත් දීලා සතුටු වුනේ නෑ. ඒ නිසා කොච්චර ධනය තිබුණත් ඒවා භුක්ති විඳින්න හිත නැමුනේ නෑ. අන්තිමට අර කර්ම විපාකෙ ආයෙ මතුවෙලා එයා නිරයේ ගියා.

විඳීමෙත් සැපයක් තියෙනවා....

එතකොට බලන්න ආසා කරන දේ නිසා සත්වයා කිලුටුවෙන හැටි. මේ වගේ සිද්ධි අදත් ඕනතරම් වෙනවා. ඊළඟට බුදුරජාණන් වහන්සේ විස්තර කරනවා විඳීම ගැන. ඇහෙන් රූප දැකලා අපට සැප දුක් උපේක්ෂා විඳීම් ඇතිවෙනවා. කනෙන් ශබ්ද අහලා සැප දුක් උපේක්ෂා විඳීම් ඇතිවෙනවා. නාසයෙන් ආඝ්‍රාණය කරද්දිත් සැප දුක් උපේක්ෂා විඳීම් ඇතිවෙනවා. දිවට රස දැනෙද්දිත් සැප දුක් උපේක්ෂා විඳීම් ඇතිවෙනවා. කයට පහස දැනෙද්දිත් සැප දුක් උපේක්ෂා විඳීම් ඇතිවෙනවා. මනසින් හිතද්දිත් සැප දුක් උපේක්ෂා විඳීම් ඇතිවෙනවා.

බුදුරජාණන් වහන්සේ වදාළා "මහාලි, මේ විඳීම ඒකාන්තයෙන් ම ලබාදෙන්නේ දුක විතරක් ම නම්, දුකේම බැසගෙන නම් තියෙන්නේ, සැපයේ බැසගැනීමක් ඇත්තේම නැත්නම්, මේ සත්වයන් විඳීමට ඇලෙන්නේ නෑ. මහාලි, මේ විඳීමේ සැපයකුත් තියෙනවා. සැපයේ බැසගැනීමක් තියෙනවා. අන්න ඒ නිසයි සත්වයන් විඳීමට ඇලෙන්නේ. ඇලුණාම විඳීමත් එක්ක එකතු වෙනවා. එකතු වුණහම තමයි කිලිටි වෙලා යන්නේ. මහාලි, ඕක තමයි සත්වයන්ගේ කිලිටු වීමට හේතුව. ඕක තමයි ප්‍රත්‍යය. ඔය විදිහට හේතු සහිතව ම, ප්‍රත්‍ය සහිතව ම සත්වයන් කිලුටු වෙනවා.

හඳුනාගන්න දේටත් ඇලී යනවා....

ඊළඟට හඳුනාගැනීමේ ආශ්වාදයට ඇලීයාම නිසාත් සත්වයන් කිලුටු වෙලා යනවා. අපි ඇස්වලින් හඳුනාගන්නවා රූප. කන්වලින් හඳුනාගන්නවා

ශබ්ද. නාසයෙන් හඳුනාගන්නවා ගඳ සුවඳ. දිවෙන් හඳුනාගන්නවා රස. කයෙන් හඳුනාගන්නවා පහස. සිතෙන් හඳුනාගන්නවා අරමුණු. මේ හඳුනාගන්න දේවල්වල තියෙන්නේ දුක විතරයි නම් කවදාවත් මිනිස්සු සඤ්ඤාව පැත්තවත් බලන්නෙ නෑ. සඤ්ඤාවෙත් සැපයක් තියෙනවා. ඒ සැපය නිසා ඒකට ආසාව ඇතිවෙනවා. ඒ ආසා කරන දේත් එක්ක හිත එකතු වෙනවා. එතකොට සත්වයා කිලුටු වෙනවා. මේ විදිහට තමයි කිව්වා සත්වයෝ කිලුටු වෙලා යන්නේ.

ඇවිදින වැටවල්....

දැන් බලන්න හිතලා, ඔබේ අපේ ජීවිත ගත්තොත් ආසා කරපු දේවල් නිසා අපි පිරිහිලා නැද්ද? පිරිහිලා තියෙනවා. සමහරු ඉන්නවා තමන්ගේ ඉඩමට ආසයි. ඊටපස්සේ කරන්නෙ මොකක්ද, ඉඩමට ආසාවෙන් ඔන්න වැටක් ගහනවා. එහා පැත්තේ ඉඩමේ මනුස්සයා තමන්ගේ ඉඩම ගැන වැඩි අවධානයක් නෑ. රෑට රෑට මේ වැට ඇවිදිනවා. පහුවදා බලද්දි පැළ ඉණි වැට අඟල් තුනක් එහාපැත්තට ගිහිල්ලා. ආයෙ ටික දවසක් ගියහම තව අඟලක් ගිහිල්ලා. ඒ විදිහට ගම්වල වැටවල් ඇවිදින්නෙ නැද්ද? ඇවිදිනවා. ඒ මොකක්ද, අර භූමියට ඇති ආසාව. ඒකෙන් තමයි එයා සතුටු වෙන්නේ.

සමහරු සතුටු වෙනවා සල්ලි එකතු කරලා. තව සමහරු සතුටු වෙනවා තමන් ළඟ තියෙන රත්තරන් බඩු දිහා බල බලා. ඔය කරාබු කුට්ටමකුයි, වළලු දෙකකුයි, චේන් එකකුයි තියෙනවා කියමු. ඕක අත ගගා ඒකෙන් සතුටු වෙනවා. තව සමහරු සතුටු වෙනවා මොනවා හරි කාලා. කන්ට ම ඕනෑ. කොච්චර කෑවත් මදි. ඒ ආසාව

තියෙන්නේ ආහාරයත් එක්ක. තව සමහරු ඇඳුම්වලටයි ආසා. බඩගින්නේ නොකා නොබී සල්ලි එකතු කරලා ඇඳුමක් ගන්නවා. එහෙම අය ඉන්නවා. සමහරු ආසා සෙරෙප්පුවලට. ලස්සන සෙරෙප්පු දෙකක් ආවොත් මොනවහරි කරලා ඒක ගන්නවා. දැන් කාලෙ නම් ඔක්කොම වගේ ආසා ෆෝන්වලට. එතකොට බලන්න, ආශ්වාදයක් නැත්නම් මේවට ආසා කරයි ද? මේ හැම දේකම ආශ්වාදයක් තියෙනවා. බලන්න බුදුරජාණන් වහන්සේගේ විග්‍රහය අදත් ඒ විදිහටම සිද්ධ වෙනවා. ඒකයි මේ ධර්මය අකාලිකයි කියන්නේ.

සියලු දේ අතහැර සතිපට්ඨානය විතරක් වැඩීම....

මේ රූපයේ ආශ්වාදයක් තියෙනවා. ඒ නිසා රූපෙට ආසා කරනවා. ආසා කරන නිසා සත්වයා කිලුටු වෙනවා. විඳීමේ ආශ්වාදයක් තියෙනවා. ඒ නිසා විඳීමට ආසා කරනවා. ඒ ආසාව නිසා සත්වයා කිලුටු වෙනවා. ඊළඟට හඳුනාගන්න දේවල්වල ආශ්වාදයක් තියෙනවා. මේ ආශ්වාදයට ආසා කරනවා. ඒ නිසා කිලුටු වෙනවා. ඊළඟට සංස්කාර. සංස්කාරයන්ගේත් ආශ්වාදයක් තියෙනවා. හිත හිතා එක එක දේවල් කර කර ඉන්ට ම යි ආසයි. සමහර මිනිස්සු ඉන්නවා මොකක්හරි වැඩක් කරන්ට ම ඕනෑ. එහෙම නැතුව ඉන්ට බෑ. එතකොට බලන්න බුදුරජාණන් වහන්සේගේ කාලේ ඒ ඔක්කෝම අතහැරලා කෙනෙක් සතිපට්ඨානය විතරක් වඩ වඩා හිටියා කියන්නේ සුළු පටු දෙයක් ද කරල තියෙන්නේ?

බුදුරජාණන් වහන්සේ අපේ හිතේ හටගන්න අකුසල විතර්ක තුනක් ගැන පෙන්වා දීලා තියෙනවා.

එකක් තමයි කාම විතර්ක. කාම විතර්ක කියලා කියන්නේ ඇස්වලට දකින්ට ලැබිච්ච, ආශ්වාදය ඇතිවුණු රූප ගැන මෙනෙහි කිරීම. කනට අහන්ට ලැබිච්ච ආශ්වාදය ඇතිවුණු ශබ්ද ගැන මෙනෙහි කිරීම. නාසයෙන් ආඝ්‍රාණය කරද්දි ආශ්වාදය ඇතිවෙච්ච සුවඳ ගැන මෙනෙහි කිරීම. කාපු බීපු ප්‍රණීත රසවත් දේවල්වලින් සතුටක් හටගත්තා නම් ඒක මෙනෙහි කිරීම. කයට ලැබිච්ච ආශ්වාදජනක පහස ගැන මෙනෙහි කිරීම. සංක්ෂේපයෙන් කියනවා නම් කාම විතර්ක කියලා කියන්නේ ඕවට.

කාම වස්තු....

විස්තර වශයෙන් කියනවා තමන්ගේ ඉඩකඩම් ගැන මෙනෙහි කිරීම, දේපල ගැන මෙනෙහි කිරීම, ගෙවල් දොරවල් ගැන මෙනෙහි කිරීම, දූ දරුවෝ ගැන මෙනෙහි කිරීම. ඒ ඔක්කොම කාම වස්තු. කාම වස්තු හැටියට ලෝකයේ යමක් ඇද්ද, ඒ ගැන මෙනෙහි කර කර සිටීම තමයි කාම විතර්ක කියලා කියන්නේ. ඒ වගේම අපට අමනාප දේවලුත් මෙනෙහි වෙනවා. ඒකට කියන්නේ ව්‍යාපාද විතර්ක කියලා. ඊළඟට අපට හිංසා පීඩා කරපු අය ගැන මෙනෙහි වෙනවා "අනේ ඕකුන්ට හරියන්ට නම් එපා.... ඕකුන් හැඳි ගෑවිලා යන්න ඕනෙ...." කියලා. ඒවා විහිංසා විතර්ක.

අනිමිත්ත චේතෝ විමුක්තිය....

මේ අකුසල විතර්ක තුන සතිපට්ඨානයේ මනාකොට හිත පිහිටීමෙන් ප්‍රහාණය වෙනවා. එහෙම නැත්නම් අනිමිත්ත චේතෝ විමුක්තියෙන් (විදර්ශනාවෙන්) මේ විතර්ක ප්‍රහාණ වෙනවා. මේ කිලුටු වෙන රටාව අපට

එකපාරට සුද්ධ කරන්ට බෑ. ඉස්සෙල්ලාම අපි මේක හඳුනාගන්ට ඕන මේ විදිහටයි සත්වයා කිලුටු වෙන්නේ කියලා.

ඊළඟට බුදුරජාණන් වහන්සේ වදාළා "මහාලි, මේ විඤ්ඤාණය ඒකාන්තයෙන් ම ලබාදෙන්නේ දුක විතරක් ම නම්, වැටිලා තියෙන්නෙත් දුකේ ම නම්, බැසගෙන තියෙන්නෙත් දුකේ ම නම්, සැපයේ බැසගැනීමක් ඇත්තේම නැත්නම්, මේ සත්වයන් විඤ්ඤාණයට ඇලෙන්නේ නෑ. මහාලි, යම් යම් කරුණු නිසා විඤ්ඤාණයේ සැපයක් තියෙනවා. සැපයේ බැසගෙනත් තියෙනවා. අන්න ඒ නිසයි සත්වයන් විඤ්ඤාණයට ඇලෙන්නේ. ඇලුණාම විඤ්ඤාණයත් එක්ක එකතු වෙනවා. එකතු වුණහම තමයි කිලිටි වෙලා යන්නේ. මහාලි, ඕක තමයි සත්වයන්ගේ කිලුටු වීමට හේතුව. ඕක තමයි ප්‍රත්‍යය. ඔය විදිහට හේතු සහිතව ම, ප්‍රත්‍ය සහිතව ම සත්වයන් කිලුටු වෙනවා."

පැවැත්මට ආසා කිරීම....

මේ විඤ්ඤාණයේ සැපයක් තියෙන නිසා තමයි අපට මේක එපා වෙන්නේ නැත්තේ. එක එක විශ්වාස මත මොන ක්‍රමයෙන් හරි පැවැත්ම ගෙනියන්ටයි අපි ආසා කරන්නේ. එහෙනම් පින්වත්නි, තේරුම් ගන්න අප තුළ තියෙන සක්කාය දිට්ඨියට හේතුව මොකක්ද? රූපයේ සැපයක් තියෙනවා. විඳීමේ සැපයක් තියෙනවා. සඤ්ඤාවේ සැපයක් තියෙනවා. සංස්කාරයේ සැපයක් තියෙනවා. විඤ්ඤාණයේ සැපයක් තියෙනවා. ඒකයි අපි මේක මම මගේ කියලා අල්ලගෙන ඉන්නේ.

පිය සෙනෙහස පිරි බිම්සර නිරිඳුන්....

දැන් බලන්න පින්වත්නි, සැපයට මුළාවීම කොච්චර දුරට මිනිස්සුන්ගේ ජීවිතවලට බලපානවද කියලා. දවසක් බුදුරජාණන් වහන්සේ බිම්බිසාර රජ්ජුවන්ගේ මාළිගාවට වඩිනවා. බිම්බිසාර රජ්ජුරුවෝ බුදුරජාණන් වහන්සේට වන්දනා කරලා බණ අහන්ට වාඩි වෙනවා. බිම්බිසාර රජ්ජුරුවෝ කියන්නේ සෝවාන් වෙච්ච ශ්‍රැතවත් ශ්‍රාවකයෙක්. ඒ වෙනකොට අජාසත් තවම පුංචියි. ඔය වෙලාවේ කිරිමව් ඇවිල්ලා පුංචි අජාසත් කුමාරයාව රජ්ජුරුවන්ගේ ඔඩොක්කුවේ තියනවා. එතකොට බිම්බිසාර රජ්ජුරුවෝ බුදුරජාණන් වහන්සේ ඉස්සරහ අර කොලු පැටියාව හුරතල් කරන්න පටන් ගන්නවා.

එවේලේ බුදුරජාණන් වහන්සේ "මහරජ, ඉස්සර රජවරු, තමන්ගේ අභාවයෙන් පස්සේ ඇවිල්ලා රජකම ගනිං කියලා තමන්ගේ දරුවන්ව රාජධානියෙන් පිටමං කරලා තියෙනවා. ඒ කතාව අහලා තියෙනව ද?" කියලා ඇහුවා. එතකොට රජ්ජුරුවෝ "අනේ ස්වාමීනී, මටත් ඒ කතාව කියන්න" කිව්වා.

බෝධිසත්වයන්ගේ දුර දැක්ම....

එක්තරා ආත්මභාවයක බෝධිසත්වයෝ දිසාපාමොක් ආචාරීන් වෙලා තක්ෂසිලාවේ වාසය කළා. ඒ කාලේ බරණැස හිටපු රාජ කුමාරයෙක් බෝධිසත්වයන් ළඟට ආවා ශිල්ප ඉගෙන ගන්න. ඒ රාජ කුමාරයා ශිල්ප ශාස්ත්‍ර හදාරලා ඉවර වෙලා යන්ට ලෑස්ති වෙලා දිසාපාමොක් ආචාරීන්ට වැන්දා. එවේලේ ආචාර්යවරයා කිව්වා "රාජ කුමාරය, මං දැන් ඔබට ගාථා හතරක්

උගන්වනවා. අනාගතයේ ඔබට පුත්‍රයෙක් උපදිනවා. ඒ පුත්‍රයාට දහසය හැවිරිදි වෙච්ච දවසට මං ඔබට කියාදෙන මේ පළවෙනි ගාථාව රාජ පිරිස මැද්දේ කියන්න. ඊළඟට නාන තටාකයේ පඩිපෙළ ගාවදි දෙවෙනි ගාථාව කියන්න. තුන්වෙනි ගාථාව මාළිගාවේ උඩු මහලට නගින පඩිපෙළ ගාවදි කියන්න. හතරවෙනි ගාථාව කියන්න තියෙන්නේ සිරියහන් ගබඩාවෙදි...." කියලා ගාථා සතරක් ඉගැන්නුවා. බලන්න, බෝසත් කාලේ පවා උන්වහන්සේ තුළ තිබුන දුර දැක්ම.

රහස් කුමන්ත්‍රණය....

දැන් ඔන්න මේ කුමාරයා කොසොල් රටට ආවා. යුවරජ පදවිය හම්බවුනා. පියරජ්ජුරුවෝ අභාවයට පත්වුනාට පස්සේ රජකමත් ලැබුනා. ටික කාලයක් ගියාට පස්සේ පුතෙක් හම්බවුනා. පුතාට වයස දහසය වුනාට පස්සේ යුවරජකම දුන්නා. පුතා එයාගෙ ඇමති මණ්ඩලයක් රහසේ හදාගත්තා. හදාගෙන "මට අපේ පිය රජ්ජුරුවෝ වයසට යනකම් ඉන්ට බෑ. පියරජතුමාව මරලා රජකම ගන්ට ඕනැ" කිව්වා. දැන් පියරජ්ජුරුවෝ දන්නෙ නෑ මේක. හැබැයි පිය රජ්ජුරුවන්ට එදා දිසාපාමොක් ආචාර්යයන් දීපු අවවාදයයි ගාථා හතරයි මතකයේ තිබුණා. දිසාපාමොක් ආචාර්යයෝ වෙලා හිටියේ බෝධිසත්වයෝ.

එතකොට අර යුව රජ්ජුරුවන්ගේ ඇමතිවරුත් "හරියට හරි කුමාරයාණෙනි, දැන් උන්දැ නාකියි. මරලා දාමු" කිව්වා. කොහොමද කරන්නෙ කියලා ඇහුවා. රාජ මාලිගාවේ පිරිස රඳවන වෙලාවට කලින්ම ගිහිල්ලා කඩුවත් තියාගෙන ඉන්න කිව්වා. ඔන්න දැන් පහුවදා

ඇමතිවරු මැද්දේ කුමාරයා කඩුවත් අරගෙන ඉන්නවා. එතකොට රජ්ජුරුවන්ගේ හිතට ආවා දැන් මං අර පළවෙනි ගාථාව කියන්න ඕනෑ කියලා. ඒ ගාථාවෙන් කියන්නේ මෙතන කවුරු හිටියත් ඔය හිතන දේ නම් කරන්ට බෑ කියලයි. ඒ ගාථාව කියපු ගමන් කුමාරයා හිතුවා පියරජ්ජුරුවන්ට ඔත්තුව ගිහිල්ලා කියලා. ඊට පස්සේ මේකා මාලිගාවෙන් පැනලා ගිහිල්ලා සුමානයක් දෙකක් හිටියා. දැන් රජ්ජුරුවෝ දන්නෙ නෑ ඇයි මේක කියන්නෙ කියලා. නමුත් ආචාරීන් කියපු නිසා කිව්වා.

දෙවෙනි උපායත් ව්‍යර්ථ වුනා....

ඊට පස්සේ කුමාරයා ආයෙත් ඇමතිවරු එක්ක රහසේ කතාවෙනවා. ඇමතිවරු කියනවා "නෑ.... නෑ.... රජතුමා ඕක කියන්ට ඇත්තේ තර්ක කරලා වෙන්ට ඇති. එතුමාට මේක අහුවුනේ නෑ. අහුවුනා නම් අත්අඩංගුවට ගන්න එපැයි" කියනවා. එහෙනම් ඊළඟට මොකද කරන්නෙ කියලා අහනවා. නාන තොට ගාව හැංගිලා ඉඳලා මරන්ට කියනවා. රජ්ජුරුවෝ නාන්ට එන්න ඉස්සර වෙලා මෙයා වේලාසනින් ගිහිල්ලා කඩුවත් තියාගෙන හැංගිලා ඉන්නවා.

ඉන්නකොට දාසිය එනවා එතන පිරිසිදු කරන්න. දාසිය දකිනවා මෙයාව. මෙයා කඩුවෙන් කපලා දාසියව මරනවා. මරලා හැංගිලා ඉන්නවා රජ්ජුරුවෝ එනකම්. රජ්ජුරුවෝ ඇවිල්ලා දාසියව දැක්ක ගමන් අර දෙවෙනි ගාථාව කියනවා. ඒ ගාථාවෙන් කියවෙන්නේ මෙයාව කඩුවෙන් කැපුවා නම් යම්කිසි කෙනෙක්, ඒ කපපු එකා කවුදැයි කියා මං දන්නවා කියලයි. ආයෙ පැනලා යනවා.

තුන්වෙනි පාරත් බැරිවුනා....

ටික දවසකින් ආයෙත් ඇමතිවරුත් එක්ක රහස් සාකච්ඡාවක් තියනවා. ඇමතිවරු කියනවා "නෑ... නෑ... රජ්ජුරුවෝ එහෙම කියන්ට ඇත්තේ අනුමාන කරලා. හොඳටම දන්නවා නම් අත්අඩංගුවට ගන්නවනෙ. එහෙම වුනේ නෑනෙ. ඒ නිසා තව ටික දවසකින් පස්සේ, රජ්ජුරුවෝ උඩුමහලට නගිද්දි පඩිපෙළ ගාව හැංගිලා ඉඳලා කඩුවෙන් කොටන්න" කියනවා. එදා පඩිපෙළ ළඟට ආපු ගමන් රජ්ජුරුවන්ට මතක් වුනා ආචාරීන් කියා දීපු තුන්වෙනි ගාථාව. ඒ ගාථාවෙන් කියන්නේ මෙතන පඩිපෙළ ගාව හැංගිලා හිටියට උඹට ඔය වැඩේ නම් කරන්ට හම්බවෙන්නෙ නෑ කියලයි. කුමාරයා භය වෙලා ආයෙ පැනලා යනවා. ඒ පාරත් බැරිවුනා.

ඊට පස්සේ ඇමතිවරු කියනවා "මේක හරියන්නෙ නෑ. මේ වතාවේ නම් සිරියහන් ගබඩාවේ හැංගිලා ඉඳලා කොහොමහරි මරන්ට ඕනෙ" කියලා. කුමාරයා හොරෙන් ගිහිල්ලා සිරියහන් ගබඩාවේ ඇඳ යට හැංගිලා ඉන්නවා කඩුවත් තියාගෙන. රජ්ජුරුවෝ ඇවිල්ලා සිරියහන් ගබඩාවෙ දොර අරිනවා. එතකොට මතක් වෙනවා අර හතරවෙනි ගාථාව. මේ වෙලාව හොඳයි ඒ ගාථාව කියන්න කියලා හතරවෙනි ගාථාවත් කියනවා.

ඉඟිය වැටහුනේ නෑ....

ඒකෙන් කියන්නේ ඇඳ යට මොකෙක් හිටියත් තෝ කරන්න හිතාන ඉන්න වැඩේ නම් හරියන්නෙ නෑ කියලයි. එහෙම කියපු ගමන් කුමාරයා ඇඳ යටින් එළියට එනවා. ඇවිල්ලා කඩුව තාත්තා ළඟ තියලා "අනේ මං

මේ කරපු දේවල්වලට මට සමාව දෙන්න" කියනවා. එතකොටයි රජ්ජුරුවන්ට සිහිය උපදින්නේ "අනේ මගේ ආචාර්යයන් වහන්සේ මගේ අනාගතේ කොච්චර දැක්කද.... මගේ ජීවිතාරක්ෂාව වෙනුවෙන් මොනතරම් දෙයක් කරලද...?" කියලා.

ඊට පස්සේ එවෙලෙම අත්අඩංගුවට අරගෙන "මං මැරුනට පස්සෙ වරෙන්.... එතකම් තෝ මේ පැත්ත පළාතෙ එන්න එපා" කියලා රටින් පිටුවහල් කරනවා. මහරජ, ඔය විදියටයි ඒ කාලේ කුමාරවරුන්ව හැදුවේ කියනවා. බුදුරජාණන් වහන්සේ මේ නොකියා කියන්නේ මොකක්ද? මෙයාටත් එහෙම කරපං කියලයි. ඒත් තේරුනේ නෑ. දැක්කද, බුදුකෙනෙක් අවවාද කළත් හරි විදිහට ඒ අවවාදය ගන්න බැරිවුනා. අජාසත් කියන්නේ සෝවාන් වෙන්න පින තිබ්ච්ච කෙනෙක්. බිම්බිසාර රජතුමාත් අජාසත්තට එහෙම කළා නම් අර ආනන්තරිය පාප කර්මය එයා අතින් නොවෙන්න තිබුනා.

හේතු සහිතව සත්වයන් පිරිසිදු වෙන හැටි....

ඊළඟට මහාලී අහනවා බුදුරජාණන් වහන්සේ ගෙන් "එතකොට ස්වාමීනී, සත්වයන් පිරිසිදු වෙන හේතු මොනවාද? හේතු ප්‍රත්‍ය සහිතව සත්වයන් පිරිසිදු වෙන්නේ කොහොමද?" බුදුරජාණන් වහන්සේ වදාළා "මහාලි, මේ රූපය (**ඒකන්තසුඛං අභවිස්ස**) ඒකාන්තයෙන් ම ලබාදෙන්නේ සැප විතරක් ම නම්, (**සුඛානුපතිතං**) බැසගෙන තියෙන්නෙත් සැපයේ ම නම්, (**අනවක්ඛන්තං දුක්ඛේන**) දුකේ බැසගැනීමක් ඇත්තේම නැත්නම්, (**නයිදං සත්තා රූපස්මිං නිබ්බින්දෙය්‍යුං**) මේ සත්වයන් රූපයට කළකිරෙන්නේ නෑ.

මහාලි, යම් යම් කරුණු නිසා රූපයේ දුකක් තියෙනවා. ආදීනව තියෙනවා. **(තස්මා සත්තා රූපස්මිං නිබ්බින්දන්ති)** ඒ නිසා සත්වයන් රූපයට කළකිරෙනවා. **(නිබ්බින්දං විරජ්ජන්ති)** කළකිරුණාම රූපයට ඇලෙන්නේ නෑ. **(විරාගා විසුජ්ඣන්ති)** නොඇලීම නිසයි පිරිසිදු වෙලා යන්නේ. මහාලි, ඕක තමයි සත්වයන්ගේ පිරිසිදු වීමට හේතුව. ඔය විදිහටයි හේතු ප්‍රත්‍ය සහිතව සත්වයන් පිරිසිදු වෙන්නේ" කියලා වදාළා.

අරුම පුදුම කැපකිරීමක්....

මේ ධර්මයේ ආශ්චර්යය තියෙන්නේ පින්වත්නි, ඒ ධර්මය ගන්න කෙනාගේ තියෙන දක්ෂතාවයත් එක්කයි. බුදුරජාණන් වහන්සේගේ කාලේ හිටියා පුරාණ ඉසිදත්ත කියලා ශ්‍රාවකයෝ දෙන්නෙක්. මේ දෙන්නා වැඩ කළේ කොසොල් රජ්ජුරුවෝ ළඟ. එක දවසක් මේ දෙන්නා බුදුරජාණන් වහන්සේව බැහැදකින්න ආපු වෙලාවක ඒගොල්ලන්ගේ ගුණ කිව්වා. එතකොට ඒ දෙන්නා "අනේ ස්වාමීනී, අපි ඔයිට වඩා විශේෂ කැපවීමක් කරනවා" කිව්වා. මොකක්ද කියලා ඇහුවා.

"ස්වාමීනී, අපි රස්සාව හැටියට කරන්නේ කොසොල් රජ්ජුරුවන්ගේ අන්තඃපුරේ දේවීන් වහන්සේලා ඇතා උඩ වාඩිකරන එකයි, ඇතාගෙන් බිමට බස්සන එකයි. ස්වාමීනී, ඒ දේවීන් වහන්සේලා ළඟට ආවහම ඒ වෙලාවෙම වැහුම් ඇරපු සඳුන් කරඬු වගේ සුවඳ විහිදෙනවා. අතින් ඇල්ලුවහම පුළුන් වගේ. අපි ඒ දේවීන් වහන්සේලාගේ අතින් අල්ලලා ඇතාගේ පිට උඩ වාඩි කරවනවා. අතින් අල්ලගෙන ම බිමට බස්සවනවා. ස්වාමීනී, අපි ඒ දේවීන් වහන්සේලාවත් රැක්කා. අපේ හිතත් රැක්කා" කිව්වා.

නොකිලිටි හිතක් පවත්වන්ට ධර්මය උදව් කරනවා....

ඒගොල්ලෝ ඒ විදිහට හිත රැකගත්තේ මොකෙන්ද? ධර්මයෙන්. ධර්මය නොලැබුනා නම් ඒ හිත් ඔක්කෝම කිලුටු වෙන්නෙ නැද්ද? කිලුටු වෙනවා. බලන්න නොකිලිටි හිතක් පවත්වන්ට ධර්මය උදව් කරපු හැටි. බුදුරජාණන් වහන්සේ වදාළා මහාලිට මේ රූපයේ ඒකාන්ත සැපයක් තිබුනා නම්, සැපයේ ම බැසගෙන තිබුනා නම්, දුකේ බැසගෙන නොතිබුනා නම්, සත්වයාට මේ රූපය එපා වෙන්නෙ නෑ. මේ රූපයේ දුකක් තියෙනවා. මේ රූපය දුකේ බැසගන්නවා. සැපයේ නොබැසගන්න අවස්ථා තියෙනවා. ඒ නිසා සත්වයන්ට රූපය එපා වෙනවා. එපා වුනහම ඒ කෙරෙහි ඇල්ම නැතුව යනවා. ඇල්ම නැතිවුනාම පිරිසිදු වෙනවා. මේ විදිහට සත්වයා හේතු සහිතව පිරිසිදු වෙනවා කියලා වදාළා.

මස් ලේ නැති ඇට බලු ලෙව කන්නේ....

එහෙනම් මේ රූපයේ තියෙනවා නම් යම් සැපයක් ඒක පරිවර්තනශීලී සැපයක්. බුදුරජාණන් වහන්සේ කාමසුඛය ගැන දේශනා කරලා තියෙන්නේ කොහොමද? අල්ප ආශ්වාදයෙන් යුක්තයි, බොහෝ දුක් සහිතයි කියලා. කාමයන්ගේ ස්වභාවය පෙන්වා දීමට උන්වහන්සේ නොයෙක් උපමා භාවිතා කරලා තියෙනවා. කාමය හරියට බලු පැටියෙකුට මස් නැති කටුවක් දුන්නා වගේ කියනවා. බලු පැටියා ඒ කටුව හප හපා ඉන්දෙද්දි එයාගෙම විදුරුමහ තුවාල වෙනවා. ඒ විදුරුමහෙන් ගලන ලේ ම තමා එයා මස්කටුව කියලා හිතාගෙන ආශ්වාදය විඳින්නේ.

මස් කැටියක් ගත් උකුසෙකු අහසේ....

ඊළඟට බුදුරජාණන් වහන්සේ වදාළා කාමය හරියට උකුස්සෙක් ඩැහැගෙන යන මස් කුට්ටියක් වගේ කියලා. මස් කුට්ටිය ඒ උකුස්සගෙ කටේ තියෙනකම් අනිත් උකුස්සෝ කොට කොටා පන්නනවා. ඒ උකුස්සා මස් කුට්ටිය අතහැරියාම වෙන උකුස්සෙක් ඒ මස් කුට්ටිය අල්ල ගන්නවා. එතකොට අනිත් උකුස්සෝ ඒ උකුස්සට තමයි කොටන්නෙ. ඒ වගේ තමයි මේ කාමයත්.

ඊළඟට මේ කාමය සැපට කැමති දුකට අකැමති මනුස්සයෙක්ව අත් දෙකෙනුයි කකුල් දෙකෙනුයි අල්ලගෙන ගිහිල්ලා ගිනි අඟුරු ගොඩකට දානවා වගේ කිව්වා. බලන්න හිතලා කාමය නිසා මිනිස්සු මොනතරම් ඇඬූ කඳුළෙන් ද ඉන්නේ.... හූල්ල හූල්ල ඉන්නවා. දුකසේ සුසුම් හෙළ හෙළා ඉන්නවා. මරණින් මත්තේ අපාගත වෙනවා. මේ විදිහට බුදුරජාණන් වහන්සේ නොයෙක් ආකාරයට කාමයේ ආදීනව පෙන්නලා තියෙනවා.

තමන් ජීවිතය දිහා බලන කෝණය....

මේ ධර්මය පුරුදු කරන කෙනෙකුට බුදුරජාණන් වහන්සේ පෙන්වා දුන්නා නුවණ පහළ වෙන මාර්ගයක්. ඒ තමයි ආර්ය අෂ්ටාංගික මාර්ගය. ආර්ය අෂ්ටාංගික මාර්ගය පටන් ගන්නේ සම්මා දිට්ඨියෙන්. ඒ කිව්වෙ චතුරාර්ය සත්‍ය ධර්මය මුල් කරගත්තු දැක්මක් තියෙන්ට ඕනෙ. එතන දෘෂ්ටිය කියලා කියන්නේ දැක්ම, එහෙමත් නැත්නම් තමන් ජීවිතය ගැන තේරුම් ගත්ත කෝණය. එතන තියෙන්නේ මිථ්‍යා දෘෂ්ටිය නම් එයාට දුක ගැන ඤාණයකුත් නෑ. දුක හටගන්නේ තෘෂ්ණාවෙන්

කියලා දන්නෙත් නෑ. ඒ තෘෂ්ණාව නැතිවුනාම දුකෙන් නිදහස් වෙනවා කියලා දන්නෙත් නෑ. ඒ සඳහා තියෙන මාර්ගය ගැන දන්නෙත් නෑ.

තෘෂ්ණාව අතහැරීමෙන් පිරිසිදු වෙනවා....

දැන් මේ දේශනාවේ ඉතාමත් පැහැදිලිව පෙන්වා දීලා තියෙනවා රූපයේ සැපයක් තියෙනවා, වේදනාවේ සැපයක් තියෙනවා, සඤ්ඤාවේ සැපයක් තියෙනවා, සංස්කාරවල සැපයක් තියෙනවා, විඤ්ඤාණයේ සැපයක් තියෙනවා. මේ සැපයට මනුෂ්‍යයාගේ හිතේ ආශාව උපදිනවා. ආශාව ඉපදුනාට පස්සේ හිත ආශාවත් එක්ක එකතු වෙනවා. ඒක කිලුටක් කිව්වා. එහෙනම් කිලුට ඉපැද්දුවේ මොකෙන්ද? ආශාවත් එක්ක එකතුවීමෙන්. ඒ වගේම රූපයේ දුකක් තියෙනවා. රූපයේ ඒකාන්ත සැපයක් නෑ. ඒ දුක තේරුනාම මනුෂ්‍යයා රූපය කෙරෙහි කළකිරෙනවා. කළකිරුනාම රූපය අතාරිනවා. අතහැරීම තුළ එයා පිරිසිදු වෙනවා කිව්වා. එහෙනම් තෘෂ්ණාව අතහැරීමෙන් තමයි පිරිසිදු වෙන්නේ.

බුදුරජාණන් වහන්සේ මේ රූපයේ තියෙන දුක ගැන පෙන්නන්ට තමයි කායානුපස්සනාව දේශනා කරලා තියෙන්නේ. කායානුපස්සනාවෙන් පෙන්වා දෙන්නේ කයේ තියෙන ඇත්ත ස්වභාවය. කයේ ඇත්ත ස්වභාවය හැටියට පෙන්නා දෙන්නෙ කයේ ආදීනව පැත්ත මිසක් ආශ්වාදෙ පැත්ත නෙවෙයි. මේ කය කොටස් කර කර වෙනම බලන්න කිව්වා. ධාතු ස්වභාව වශයෙන් වෙනම බලන්න කිව්වා. ඊළඟට ඉරියව් වෙනම බලන්න කිව්වා. ඇට සැකිල්ල වෙනම බලන්න කිව්වා. මැරුණට පස්සේ කුණුවෙලා, ඇටසැකිල්ලක් වෙලා, පොළොවට පස්වෙනකම් නවසීවථිකයක් හැටියට බලන්න කිව්වා.

ආයතන හය නමැති සාගරය....

අපට නොතේරුනාට අපි හිතෙන් මේ කය වැළඳගෙන ඉන්නේ. එතකොට අපි මැරෙන්නේ ආශාවෙන් වැළඳගත් රූපයෙන් යුක්තව, ආශාවෙන් වැළඳගත් විඳීමකින් යුක්තව, ආශාවෙන් වැළඳගත් සඤ්ඤාවකින් යුක්තව, ආශාවෙන් වැළඳගත් සංස්කාරයෙන් යුක්තව, ආශ්වාදයෙන් වැළඳගත් විඤ්ඤාණයකින් යුක්තව.

බුදුරජාණන් වහන්සේ එක්තරා අවස්ථාවක දේශනා කළා "මහණෙනි, මිනිස්සු 'සාගරය සාගරය' කියලා කියනවා. බුද්ධ ශාසනය තුළ සාගරය කියන්නේ ඒකට නෙවෙයි. ඒක ලෝකු වතුර ජලාශයක් විතරයි. සාගරය කියලා කිවයුත්තේ මේ ඇහැටයි. ඇහෙන් තමයි ආශාව නමැති රැළි නංව නංවා එන්නේ. සාගරය කියලා කිවයුත්තේ මේ කනටයි. කනේ තමයි ආශාව නමැති රැළි නංව නංවා එන්නේ. සාගරය කියලා කිවයුත්තේ නාසයටයි. නාසයේ තමයි ආශාව නමැති රැළි නංව නංවා එන්නේ. සාගරය කියලා කිවයුත්තේ මේ දිවටයි. ආසා කරපු රස රැළි නංව නංවා එනවා. සාගරය කියලා කිවයුත්තේ මේ ශරීරයටයි. ආසා කරපු පහස රැළි නංව නංවා එනවා.

සයුරෙන් එතෙරට යාම....

සාගරය කියලා කිවයුත්තේ මේ හිතටයි. මේ හිතේ නානාප්‍රකාර දැති මෝරු, කිඹුල්ලු වගේ භයානක අකුසල් තියෙනවා. මේ ඇස - කන - නාසය - දිව - කය - මනස කියන ආයතන හය නමැති සාගරයේ අකුසල් නමැති මීනී මෝරු දඟල දඟල පීන පීන ඉන්නවා. යම්කිසි කෙනෙක්

මේ ඇස - කන - නාසය - දිව - කය - මනස අවබෝධ කළොත් එයා රැළි සහිත, රළ සහිත, දැති මෝරු සහිත, බිහිසුණු සැඩ මසුන් සහිත සාගරයෙන් එතෙරට ගියා" කිව්වා. බලන්න කොච්චර ලස්සන කතාවක් ද කියලා.

ඊළඟට බුදුරජාණන් වහන්සේ වදාළා "මහාලි, මේ විඳීම ඒකාන්තයෙන් ම සැප සහගත දෙයක් නම්, විඳීමේ දුකක් ඇත්තේම නැත්නම්, සත්වයෝ විඳීමට කළකිරෙන්නේ නෑ. මහාලි, මේ විඳීමේ දුකක් තියෙනවා. ඒ නිසා සත්වයෝ විඳීම කෙරෙහි කළකිරෙනවා. කළකිරුනාම විඳීමට ඇලෙන්නේ නෑ. නොඇලීම නිසා පිරිසිදු වෙලා යනවා. මහාලි, ඔය විදිහටයි සත්වයන්ගේ පිරිසිදු වීම වෙන්නේ." මේ ආකාරයට බුදුරජාණන් වහන්සේ සඤ්ඤාව ගැනත්, සංස්කාර ගැනත්, විඤ්ඤාණය ගැනත් විස්තර කරනවා.

ක්ෂණ සම්පත්තිය අහිමි කරගන්ට එපා....

දවසක් බුදුරජාණන් වහන්සේ භික්ෂූන් වහන්සේලාට වදාළා "මහණෙනි, මේ ඔබලා හොඳ බේරිල්ලක් බේරිලා ඉන්න අවස්ථාවක්. ඡඵස්සායතනික කියලා නරකාදියක් තියෙනවා. ඒකේ ඇහෙන් යමක් දැක්කොත් දුකක් විතරමයි. කනට යමක් ඇසුනොත් දුකක් විතරමයි. නාසයට යමක් ආඝ්‍රාණය වුනොත් දුක විතරමයි. දිවට යම් රසයක් දැනුනොත් දුක විතරමයි. කයට යම් පහසක් ලැබුනොත් දුක විතරමයි. මනසට එන අරමුණුවලිනුත් උපදින්නේ දුක විතරමයි.

ඒ වගේම මහණෙනි, ඡඵස්සායතනික කියලා දෙව්ලොවකුත් තියෙනවා. ඒ දිව්‍යලෝකේ ඇහෙන් යම් රූපයක් දකීද සැපය විතරමයි. කනෙන් යම් ශබ්දයක්

අසයි ද සැපයක් විතරමයි. නාසයෙන් ආඝ්‍රාණය කරද්දි සැප විතරමයි. දිවෙන් රස විඳිද්දි සැප විතරමයි. කයින් පහස ලබද්දි සැප විතරමයි. හිතෙන් හිතද්දි සැප විතරමයි. නමුත් මහණෙනි, මෙතන එහෙම නෙමෙයි. මෙතන සැප දුක දෙක ම ප්‍රකටව පේන්න තියෙනවා. නුවණැත්තාට ස්වල්ප වූ සැපයයි බොහෝ දුකයි පේනවා. ඒ නිසා මහණෙනි, අප්‍රමාදී වෙන්ට මෙතන තමයි තැන. මහණෙනි, ශාස්තෘන් වහන්සේත් ඔබට මුණගැහුනා. ඔබට පැවිද්දත් ලැබුනා. දැන් ඉතින් පමා නොවී ධර්මයේ හැසිරෙන්න" කියලා වදාළා.

වැඩිපුර සංවේදී වෙන්නේ අකුසලයටයි....

බුදුරජාණන් වහන්සේ නිතරම පැහැදිලි කරල දුන්නා අපි පත්වෙලා ඉන්න අසරණභාවය. ඒ අසරණභාවය තේරුනේ නැත්නම් අපට මේකේ බරක්-පතලක් දැනෙන්නෙ නෑ. මං ඔබට කිව්වා අපට ඇහෙන්නෙ ධර්මය විතරක් නෙමෙයි. බොරුත් ඇහෙනවා. කේළනුත් ඇහෙනවා. පරුෂ වචනත් ඇහෙනවා. හිස් වචනත් ඇහෙනවා. අපට මේවා තෝරගන්න බැරි නිසා ඒ ඔක්කොම ගන්නවා.

ඔය අතරේ ධර්මයත් ඇහෙනවා. නමුත් අපේ හිත රාග සහිත හිතක් නිසා, ද්වේෂ සහිත හිතක් නිසා, මෝහ සහිත හිතක් නිසා වැඩිපුර සංවේදී වෙන්නෙ අකුසලයටයි. ඒ නිසා අකුසලය හොඳට මතක හිටිනවා. නුවණ වඩන්නා වූ යම් වචනයක් ඇද්ද, ඒක මතක හිටින්නෙ නෑ. එතකොට අර අකුසලේට එයා යට වෙනවා. මේ ධර්මය ඇහුවට ඒ ධර්මයෙන් හරියට පිහිට ගන්න අපට අමාරු හේතුව ඒකයි. ධර්මය මතක් වෙන ප්‍රමාණය මදි.

අකුසලයට ප්‍රතිචාර නොදක්වන හිතක්....

ධර්මය මතක් වෙන්ට නම් අකුසලයට ප්‍රතිචාර නොදක්වන හිතක් වුවමනයි. අකුසලයට ප්‍රතිචාර නොදක්වන හිත කියලා කියන්නේ ගුණය වැඩුනු හිත. ඒකයි මං ගුණවන්ත වෙන්න ඕන කිය කිය නිතර කියන්නේ. ගුණවන්ත හිත තමයි අකුසලයට ප්‍රතිචාර දක්වන්නෙ නැතුව ඉන්නේ. ගුණවන්ත හිත ලේසියෙන් අකුසල් මැඩගෙන කුසලයට යනවා. අකුසලයට ප්‍රතිචාර දක්වන, ගුණයක් නැති හිත කුසල් මැඩගෙන අකුසලයට ම යනවා. එතකොට හානියක් ම යි, විපතක් ම යි. අකුසල් මඬින්ට හැකියාව එන්නේ ගුණයකින්. ගුණයක් නැත්නම් අකුසල් මඬින්ට බෑ. ගුණයක් කියන එක පින්වත්නි, මම හිතන්නේ සාමාන්‍යයෙන් එක ආත්මෙක ම එක විදිහට ම පුරුදු කරනවා කියලා කියන්න බෑ. නමුත් ගුණවන්තකම අපි පුරුදු කළ යුතුම එකක්.

මනුෂ්‍ය ගුණධර්ම ඇතිකරගන්න....

දැන් මනුස්ස ලෝකෙදි නම් අපට ගුණවන්තකම් හැටියට මූලිකම පදනම වෙන්න ඕනෙ අපේ මනුස්ස ගුණධර්මයි. සාමාන්‍ය මනුෂ්‍යයාට උවමනා කරන මනුෂ්‍ය ගුණධර්ම අපට නැත්නම් ඊට එහා තියෙන උත්තරීතර ගුණධර්ම කවදාවත් ලැබෙන්නෙ නෑ. මනුස්ස ධර්මයන්ට වඩා ශ්‍රේෂ්ඨ වූ දෙයක් ලැබෙන්නෙ නෑ. මනුස්ස ගුණධර්මයන්ගේ පිහිටපු එක්කෙනාට තමයි එතනින් එහා තියෙන ගුණවලට යන්න අවස්ථාව තියෙන්නේ.

බුද්ධ කාලේ නම් බුදුරජාණන් වහන්සේගේ ආනුභාවය තිබුණා. මොකද බුදුරජාණන් වහන්සේ

සාමාන්‍ය කෙනෙක් නෙමෙයිනෙ. උන්වහන්සේ ශාස්තෘවරයෙක්. ශාස්තෘ සම්පත්තිය කියන්නේ සර්වඥතා ඥානය ලබනවාත් එක්කම ලැබිච්ච එකක්. උන්වහන්සේ බෝධි මූලයේ සම්බුද්ධත්වයට පත්වෙනකොට ම ශාස්තෘ බවට පත්වුනා.

ඒ කාලේ වගේ නෙවෙයි දැන්....

ඊට පස්සේ උන්වහන්සේ ලෝකය ගැන වැඩිපුර නොසිතා, බුදු ඇසින් ලෝකය දිහා නොබලා දහම් දෙසන්ට මන්දෝත්සාහී වුනා. ඒ අවස්ථාවේ සහම්පතී බ්‍රහ්මරාජයා ඇවිල්ලා ආරාධනා කළා ධර්මය දේශනා කරන්ට කියලා. අන්න ඒ වෙලාවේ උන්වහන්සේ ඉන්ද්‍රිය පරෝපරියත්ත ඥානය සහ ආසයානුසය ඥානය කියන බුදු ඇසින් ලෝකෙ දිහා බැලුවා. අන්න ශාස්තෘ සම්පත්තිය.

'අංගුලිමාල, අම්බපාලි වගේ අයට ඒ කාලෙ එහෙම වුනා නම් ඇයි අද බැරි..?' කියලා එහෙම අපට ගන්න බෑ. ශාස්තෘන් වහන්සේට විතරයි ඒ හැකියාව තියෙන්නේ. ඒ ශාස්තෘ සම්පත්තියේ උන්වහන්සේ පිහිටලා හිටපු නිසා ඒ කාලේ උන්වහන්සේට බණින්ට ආපු මිනිස්සු දමනය වෙලා මාර්ගඵල ලැබුවා. මොකද හේතුව, ඒ මිනිස්සුන්ගේ අභ්‍යන්තරයේ තියෙන කුසල් ඉස්මතු කරලා ගන්න ඕන වචනය ම ප්‍රකාශ කරන්ට උන්වහන්සේ දන්නවා.

රාග ද්වේෂ මෝහ ඇවිස්සෙන වචන....

සාමාන්‍ය ලෝකයේ මනුස්සයන්ටත් ඒ වගේ හැකියාවක් තියෙනවා මේ විදිහට. තවත් කෙනෙකුගේ හිතේ කෙලෙස් උපද්දවන විදිහේ වචන ප්‍රකාශ කරන්න

දන්නවා. "බලන්න මං අරයගෙ හිතේ ආසාව අවුස්සලා ගන්න හැටි..." කියලා වර්ණනා කරලා අවුස්සලා ගන්න බැරිද? පුළුවන්. "ඔන්න බලන්න අර මනුස්සයව මම කේන්ති ගස්සලා පෙන්නන්නම්..." කියලා තව කෙනෙකුගේ ක්‍රෝධය ඇවිලෙන වචනෙ දාන්න පුළුවන්. ඒ වගේම වචන දාන්න පුළුවන් මුළා කරන්ට. හැබැයි රාග ද්වේෂ මෝහ ප්‍රහාණය කරන වචනෙ දාන්න දන්නෙ නෑ. ඒක පුළුවන් ශාස්තෘන් වහන්සේට විතරයි. බුද්ධ කාලේ චරිත දිහා බලලා ඒ කාලේ එහෙම නම් ඇයි මේ කාලේ බැරි කියලා අපිට කියන්න පුළුවන්කමක් නැත්තේ ඒකයි. බුදුරජාණන් වහන්සේට විතරමයි ඒක පුළුවන්.

පුදුම රජෙක්...!

දවසක් බුදුරජාණන් වහන්සේ උදේනි නගරයට වැඩම කරද්දි චණ්ඩපජ්ජෝත කියන රජ්ජුරුවෝ මිනිස්සුන්ට නියෝගයක් දුන්නා "දැන් භාග්‍යවතුන් වහන්සේ උදේනි නගරයට වඩිනවා. ඒ පිළිගැනීමේ උත්සවයට සියලු දෙනා ම එන්න ඕන. නාවොත් කහවණු දාහක් දඩ" කියලා. එතකොට මහා ජනකායක් ආවා. ඒ ආවේ බුදුරජාණන් වහන්සේට පැහැදිලා නෙමෙයි. දඩ ගෙවන්ට බයේ. ඔය පිරිස අතරේ හිටියා රෝජමල්ල කියලා ආනන්දයන් වහන්සේගේ යාළුවෙක්. ආනන්දයන් වහන්සේ ඒ යාලුවාව දැකලා "ආ... මට හරි සතුටුයි ඔයත් බුදුරජාණන් වහන්සේ කෙරෙහි පැහැදීමෙන් ඉන්න එක ගැන" කියලා කිව්වා.

"අනේ... මොන පැහැදීමක් ද? මට මේ දඩ ගෙවා ගන්න බැරුව ආවෙ" කිව්වා. එතකොට ආනන්දයන් වහන්සේට හරි සංවේගයක් හටගත්තා. ගිහිල්ලා

බුදුරජාණන් වහන්සේට මේ සිද්ධිය කියලා "ස්වාමීනී, රෝජමල්ල කියන ඒ මගේ මිත්‍රයා භාග්‍යවතුන් වහන්සේ කෙරෙහි පැහැදුනොත් එයාට ගොඩාක් කල් හිත සුව පිණිස පවතීවි" කියලා කිව්වා.

භාග්‍යවතුන් වහන්සේගේ මෙත් සිත....

එතකොට බුදුරජාණන් වහන්සේ කුටියට වැඩලා දොර වසාගෙන, ආනන්දයන් වහන්සේ යම් කෙනෙක් ගැන කිව්වා නම් ඒ කෙනා අරමුණු කරලා මෙත් සිත පැතිරෙව්වා. භාග්‍යවතුන් වහන්සේ මෙත් සිත පතුරුවනකොට රෝජමල්ලට පියවි ස්වභාවයෙන් ඉන්ට බැරිවුනා. මව් වැස්සි හොයාගෙන දුවන වහු පැටියෙක් වගේ "මාගේ ශාස්තෘන් වහන්සේ කෝ.... භාග්‍යවතුන් වහන්සේ කෝ...." කිය කියා පිරිස අතරින් බුදුරජාණන් වහන්සේව හොයාගෙන ආවා. බුදුරජාණන් වහන්සේ බුදු ඇසින් එයා දිහා බැලුවා. බලද්දි පෙනුනා මෙයාටත් සෝවාන් වෙන්ට පින තියෙන බව. ඒ පින ඉස්මතු වෙන්නේ යම් වචනයකින් ද, ඒ වචන ප්‍රකාශ කරද්දි එයාගේ පින් මතුවෙලා සෝවාන් ඵලයට පත්වුනා.

ශාන්තව ඉන්න අයත් අවුස්සන්න පුළුවන්....

සාමාන්‍යයෙන් පින්වත්නි, අපේ හිතේ ද්වේෂය උපදින්නේ යම් වචනයකින් ද, ඒක ඇහිච්ච ගමන් අපට ද්වේෂය හටගන්නවා. මේ ශාන්තව ඉන්න මිනිස්සුන්ව සුටුස් ගාලා අවුස්සන්න බැරිද අපට? පුළුවන්. අපේ හිතේ යම් විදිහකින් රාගය තියෙනවද, ඒකට අදාළ වචනය ඇහිච්ච ගමන් රාගය ඇවිස්සෙනවා. අපේ හිතේ භය තියෙන්නේ යම් විදියකින් ද, ඒකට අදාළ වචනෙ ඇහිච්ච

ගමන් කෙලෙස් නැගිටලා එනවා. ඒ වගේ අවබෝධයට උවමනා කරන ගුණේ තියෙන්නෙ යම් තැනකද, ඒක අවුස්සලා ගන්න වචනෙ ප්‍රකාශ කරන්ට අපට බෑ. ඒක පුළුවන් බුදුරජාණන් වහන්සේට පමණයි.

අද කාලෙත් ඉන්න පුළුවන් පින්වත්නි, මාර්ග ඵල ලබන්න පින් තියෙන අය. හැබැයි ඒ විදිහට වචනය ඉස්මතු කරලා දෙන්න කෙනෙක් නෑ. ඒ නිසා අද කාලේ අපි ගොඩාක් පරිස්සම් වෙන්න ඕනෙ. කෙනෙකුට මාර්ගඵල ලබාගන්න පින් තිබුණත්, ශ්‍රද්ධාවක් ඇතිකරගන්න පින් තිබුණත්, සෝතාපන්න ඵලයට පත්වෙනකම් ම ඒක ස්ථිර නෑ.

ලෝකයේ කිසි කෙනෙකුට බලපෑම් කරන්ට බෑ....

ඒ කියන්නේ අප තුළ තියෙන ශ්‍රද්ධාව ස්ථාවර වෙච්ච එකක් නෙමෙයි. මේ ශ්‍රද්ධාව ලෞකිකයි. ඊළඟට අපට තියෙන සීලය ලෞකිකයි. ලෞකිකයි කියන්නේ මේ ලෝකයට යටත් එකක්. අපේ තියෙන ශ්‍රද්ධාවත් එහෙමයි. සීලෙත් එහෙමයි. වීරියත් එහෙමයි. නුවණත් එහෙමයි. යම් දවසක අපි සෝවාන් ඵලයට පත් වුනොත් එතකොට අප තුළ යම් ශ්‍රද්ධාවක් ඇද්ද, ඒ ශ්‍රද්ධාව ලෝකෝත්තරයි. යම් සිහියක් ඇද්ද, ඒ සිහිය ලෝකෝත්තරයි. යම් වීරියක් ඇද්ද, ඒ වීරිය ලෝකෝත්තරයි. යම් සමාධියක් ඇද්ද, ඒ සමාධිය ලෝකෝත්තරයි. යම් ප්‍රඥාවක් ඇද්ද, ඒ ප්‍රඥාව ලෝකෝත්තරයි. ලෝකෝත්තරයි කියන්නෙ ඒකට ලෝකෙ කිසි කෙනෙකුට බලපෑම් කරන්න බෑ.

සෝවාන් වෙච්ච කෙනාට ශ්‍රද්ධා - විරිය - සති - සමාධි - පඤ්ඤා කියන මේ ඉන්ද්‍රිය ධර්ම පහ පිහිටනවා.

ඒක දෙවියන් බඹුන් මරුන් සහිත ලෝකෙ කාටවත්ම චංචල කරන්ට බෑ. වෙනස් කරන්ට බෑ. නැති කරන්ට බෑ. ඒකයි ඒකට ලෝකෝත්තරයි කියන්නෙ. දැන් අපි උපද්දවගෙන ඉන්න ශ්‍රද්ධාව එහෙම එකක් නෙවෙයි. මේක ලෞකිකයි, පුණ්‍යභාගීයයි (පිනට නැඹුරු වෙච්ච එකක්). මේ පුණ්‍යභාගීය ශ්‍රද්ධාව තියෙන්නේ සත්පුරුෂ ආශ්‍රය පවත්වන තාක් පමණයි. යම් දවසක සත්පුරුෂ ආශ්‍රය පවත්වාගන්න බැරිවෙලා, සත්පුරුෂයෙක් කියලා හිතාගෙන අසත්පුරුෂයෙකුගේ ආශ්‍රයට වැටුනොත් හානි වෙන්නෙ තමන්ගේ ශ්‍රද්ධාවට, හානිවෙන්නේ තමන්ගේ සීලෙට, හානිවෙන්නේ තමන්ගේ වීරියට. හානිවෙන්නේ තමන්ගේ ප්‍රඥාවට. එයා දන්නෙ නෑ හානිවෙන බව.

අස්ථාවර දේවල් ගැන උදම් අනන්න එපා....

එහෙනම් අප තුළ මේ ධර්ම මාර්ගය හොඳට දියුණු වෙනකම් අපේ ශ්‍රද්ධාව ගැන අපි උදම් අනන එක වැරදියි. "අනේ මම නම් හොඳට ශ්‍රද්ධාව ඇතිකරගෙන තියෙන්නෙ... මට ඒ ගැන භයක් නෑ..." කියලා කියන්න හොඳ නෑ. මොකද හේතුව, ඒක අස්ථාවර එකක්. අස්ථාවර දේවල් ගැන උදම් අනන එක මෝඩකමක්. ස්ථාවර වූ දෙයක් ගැන නම් උදම් ඇනුවට කමක් නෑ. ස්ථාවර වූ දෙයකට අභියෝග නැනෙ. ඒ කිව්වේ ලෝකෝත්තර ගුණධර්මයන්ට අභියෝග නෑ. ලෝකෝත්තර ගුණධර්මයක් කවුරුහරි පිහිටුවාගත්තද ඒක ලෝකෙ කාටවත් නැතිකරන්න බෑ.

සමහරු මගේ ළඟට ඇවිල්ලා කියනවා 'ස්වාමීනී, මං සෝවාන් වුනා' කියලා. එතකොට මම කියනවා "ඔයා ඇත්තටම සෝවාන් වෙලා නම් ඉතින් මට

කිව්වට වැඩක් නෑ. ඒක ඔයා ළඟ තියේවි. හැබැයි ඔයා ඇත්තටම සෝවාන් වෙලා නැත්නම් ඒක ඔයා හිතෙන් හදාගත්තු එකක්. කාලයක් යනකොට, ප්‍රශ්න එනකොට ඔයාට ම ඒක තේරෙයි. වේලාසනින් මං සෝවාන්... මං සෝවාන්... කියලා, ටික කාලයක් ගිහිල්ලා එහෙම නෑ කියලා තේරුනාට පස්සේ ඔයාට ම යි ලැජ්ජාව. ඊට වඩා හොඳයි ඔයා මොකක්හරි ලැබුවා කියලා හිතනවා නම්, ඒක කාටවත් නොකියා ඉන්න." ඔය විදිහට තමයි මම ඒ අයට කියන්නේ. එතකොට කාලයාගේ ඇවෑමෙන් එයා ම ඒක තේරුම් ගන්නවා.

සෝතාපත්ති අංග සමාදන් වෙන්න....

ඇත්ත එකක් නෙමෙයි නම් පහර කනවා ම යි. මේ මාරාධිරාජ්‍යයේ පහර නොකන කෙනෙක් හොයන්න බෑ. එහෙම පහර වදිද්දිත් නොවෙනස්ව තියෙනවා නම් ඒක ඇත්ත එකක්. ඒ ඇත්ත ශ්‍රද්ධාව ලෝකෝත්තරයි. ලෝකෝත්තරයි කිව්වේ සෝවාන් ඵලයට පත් වෙච්ච කෙනාට පිහිටන ශ්‍රද්ධාව. අපි මුල ඉඳන්ම කියනවා සෝතාපත්ති අංග සමාදන් වෙන්න කියලා. සමාදන් වෙනවා කියන්නේ අපි ළඟ නැති දෙයක් ඇති කරගන්ට උත්සාහ ගන්නවා කියන එකයි. අපි ගත්තොත් ගහක් හොඳට පොළොවේ මුල් ඇද්දොත් තමයි ඒ ගහ පොළොවේ පිහිටලා වර්ධනය වෙන්නේ. එහෙම නැතුව ගහ පොළොව උඩ නිකම්ම නම් තියෙන්නේ හයියෙන් හුළඟක් ආවාම ගහ බිම වැටෙනවා.

ඒ වගේ මේ ධර්ම මාර්ගයේ යන කෙනෙක් නැති ගුණ තියෙනවා කියලා හිතාගෙන උදම් අනන එක නම් අන්තිම අනතුරුදායකයි. බුදුරජාණන් වහන්සේ

මේ දේශනාවේ වදාළනෙ සත්වයා අපිරිසිදු වෙන්නෙත් හේතු සහිතව, පිරිසිදු වෙන්නෙත් හේතු සහිතව කියලා. ඒ නිසා තමයි බුදුරජාණන් වහන්සේ වදාළේ ඉන්ද්‍රිය සංවර කරගන්න.... පාප මිත්‍රයෝ ආශ්‍රය කරන්ට එපා.... අසද්ධර්මය ශ්‍රවණය කරන්න එපා.... සුදුසු පෙදෙසක වාසය කරන්ට.... ඉවසීම ඇතිකරගන්න.... කියලා. මේ විදිහේ නොයේක් අනුශාසනා බුදුරජාණන් වහන්සේ දේශනා කරලා තියෙන්නේ මනුෂ්‍යයාට තියෙනවා නම් යම්කිසි පිනක්, ඒක නැති නොවේවා කියන අදහසින්. ඒ තමයි බුදුරජාණන් වහන්සේගේ කරුණාව.

යථාභූත ඤාණ දර්ශනය....

ඉතින් මේ දේශනාවේ විස්තර වෙනවා රූප - වේදනා - සංඥා - සංස්කාර - විඤ්ඤාණ කියන පංච උපාදානස්කන්ධය ම දුකේ බැසගන්නවා. මේවායින් දුක් උපදිනවා. මේවායේ ඒකාන්ත සැපයක් නෑ. ඒ බව දකින මනුෂ්‍යයා ඒ කෙරෙහි කළකිරෙනවා. කළකිරුනාම අතහරිනවා. මොකද හේතුව, එයා විදර්ශනාව තුළින් **(යථාභූතං පස්සති)** ඇත්ත ඇති සැටියෙන් ම දකිනවනෙ. එතකොට ඒ කෙරෙහි **(නිබ්බින්දති)** කළකිරෙනවා. කළකිරුනාම **(විරජ්ජති)** ඇල්ම නැතුව යනවා. ඇල්ම නැතිවුනොත් **(විසුජ්ඣති)** පිරිසිදු වෙනවා. අන්න ඒ විදිහටයි බුදුරජාණන් වහන්සේ මේ රටාව විස්තර කරන්නේ.

එතකොට සම්මාදිට්ඨියෙන් පටන් ගන්න ආර්ය අෂ්ටාංගික මාර්ගයේ අනිත් අංග තමයි සම්මා සංකල්ප, සම්මා වාචා, සම්මා කම්මන්ත, සම්මා ආජීව, සම්මා වායාම, සම්මා සති සහ සම්මා සමාධි. සම්මා සමාධිය

වෙන්නේ සම්මා දිට්ඨියෙන් යුක්ත වූ සමාධියයි. එහෙම නැත්නම් ඒක සම්මා සමාධිය නෙවෙයි. සම්මා දිට්ඨිය නැතිව සමාධියක් ඇතිවුනොත් පුද්ගලයා බොහෝවිට මුළාවට පත්වෙනවා. ඒ නිසා ධර්මය ම පිළිසරණ කරගෙන වාසය කරන්න ඕනෙ. බුදුරජාණන් වහන්සේගේ කාලේ මිනිස්සු තුළ ඒ හැකියාව තිබුණා. ඒ මිනිස්සු ඥාණවන්තයි.

මෙය ම යි සත්‍යය. අන් සියල්ල හිස් ය....

දවසක් බුදුරජාණන් වහන්සේ චාරිකාවේ වඩින ගමන් කේසපුත්ත කියලා නියම්ගමකට වැඩම කළා. ඒ ගමේ ඉන්න අයව හැඳින්නුවේ කාලාමයන් කියන නමින්. ඉතින් ඒ මිනිස්සු බුදුරජාණන් වහන්සේ බැහැදකින්න ඇවිල්ලා කිව්වා "අනේ ස්වාමීනී, නානාප්‍රකාර ආගම්වල අය මේ ගමට එනවා. එක කොට්ඨාසයක් ඇවිල්ලා කියනවා 'අපි කියන එක තමයි ඇත්ත, අනිත් අය කියන ඒවා බොරු' කියලා. ස්වාමීනි, ඒගොල්ලෝ ගියාට පස්සේ තව කණ්ඩායමක් එනවා. ඒගොල්ලොත් කියනවා 'අපි කියන එකයි ඇත්ත. අනිත් එව්වා බොරු' කියලා. ඒ අය ගියාට පස්සෙ තව පිරිසක් ඇවිල්ලා කියනවා 'අපි කියන එකයි ඇත්ත, අනිත් ඒවා බොරු' කියලා. (එතකොට එකම මිනිස්සු තමයි මේක අහන්නෙ කීප දෙනෙකුගෙන්) අනේ ස්වාමීනී, අපට සැකයක් හටගත්තා කවුද ඇත්ත කියන්නේ...? කවුද බොරු කියන්නේ...? කියලා.

කණපිට හරවගත් කාලාම අවවාදය....

එතකොට බුදුරජාණන් වහන්සේ වදාළා "කාලාමයෙනි, සැක කළයුතු තැන ම යි ඔය සැක

කළේ. අපේ පරණ පොත්වල මෙහෙමයි තියෙන්නේ කියලා කිව්වට ඒවා ඒ විදිහට ම ගන්ට එපා... අපි අහලා තියනේනේ මෙහෙමයි කියලා කියන ඒවා ගන්නත් එපා... පරම්පරාවෙන් ආපුවා කියලා ගන්නත් එපා... මේ කියන එක්කෙනා නම් හරී දැන උගත් සම්භාවනීය කෙනෙක්, ඒ නිසා මේක ගන්න වටිනවා කියලා එහෙම ගන්නත් එපා..." කිව්වා. මේ විදිහට උන්වහන්සේ කරපු විස්තරය මේ කාලේ අපට අහන්න ලැබෙන්නේ කොහොමද, බුදුරජාණන් වහන්සේ තමන් කියපු එකත් පිළිගන්ට එපා කිව්වා කියලයි. තමන් කියපු එකත් වැරදියි නම් අතහරින්න කිව්වා කියලයි. එහෙම වැරදි දෙයක් කියයි ද බුදුකෙනෙක්...!

බුදුරජාණන් වහන්සේ කාලාමයන්ට දුන් අවවාදය....

ඊට පස්සේ බුදුරජාණන් වහන්සේ කාලාමයන්ට වදාළා "කාලාමයෙනි, ඔබට තමා තුළින් ම වැටහෙනවා නම් 'මේවා අකුසල්, මේවා වරදින් යුක්තයි, මේවා නුවණැත්තන් විසින් ගරහලයි තියෙන්නේ, මේවා සමාදන් වෙලා පුරුදු කළොත් අහිත පිණිස, දුක පිණිසයි පවතින්නේ' කියලා ඒක අත්හරින්න." ඊට පස්සේ බුදුරජාණන් වහන්සේ ඒගොල්ලන්ට විස්තර කරලා දුන්නා මනුෂ්‍යයන් තුළ උපදින ලෝභ ද්වේෂ මෝහ නිසා සිතින් කයින් වචනයෙන් අකුසල් කරන හැටි. එහෙනම් ලෝභ ද්වේෂ මෝහ කියන්නේ අහිත පිණිස දුක් පිණිස පවතින දෙයක් බව පෙන්වා දුන්නා.

ඊළඟට වදාළා "ඒ වගේම කාලාමයෙනි, මේවා කුසල්, මේවා වරදින් තොරයි, මේවා නුවණැත්තන්

විසින් ප්‍රශංසා කරලයි තියෙන්නේ, මේවා සමාදන් වෙලා පුරුදු කළොත් හිත පිණිස, සැප පිණිසයි පවතින්නේ' කියලා තමා තුළින් වැටහෙනවා නම්, අන්න ඒ දේවල් ඔබ තුළ ඇතිකරගෙන වාසය කරන්න" කියනවා. ඊට පස්සේ උන්වහන්සේ ලෝභ ද්වේෂ මෝහවලින් තොර වීම නිසා මනුෂ්‍යයාට සැලසෙන යහපත ගැන විස්තර කරලා දුන්නා.

බාහිර සාක්ෂි අවශ්‍ය නෑ....

එතකොට මේක තමන් තුළින් ම තේරුම් ගන්න පුළුවන් දෙයක්. ඒකට බාහිර සාක්ෂිකාරයෝ ඕන නෑ. තමන්ගේ ම අත්දැකීම තමන්ගේ සාක්ෂියයි. ලෝභ ද්වේෂ මෝහ හටගැනීමෙන් හානියක් ම යි වෙන්නේ. ලෝභ ද්වේෂ මෝහ නැති කිරීමෙන් යහපතක් ම යි වෙන්නේ. එතකොට බුදුරජාණන් වහන්සේ දේශනා කළේ ලෝභ ද්වේෂ මෝහ නැති කරලා සියලු සත්වයාට යහපත උදාකරන ධර්මයක් මිසක් යහපත නැති කරන අධර්මයක් නෙවෙයි. ඒ ධර්මය අපේ මතයට ගැලපෙන්නේ නෑ කියලා අතහැරියොත් කාලයක් යද්දී නිර්මල ධර්මය කෙරෙහි හිත පහදවා ගන්න තියෙන අවස්ථාව තමයි නැතුව යන්නේ. ඒ නිසා පින්වත්නි, අපි මේ ධර්මය ගැන හිත පහදවා ගන්න එක තමයි කරන්ට ඕනෙ. හිත පහදවා ගැනිල්ලෙන් තමයි අපේ පින රැකෙන්නේ.

පිනට ගැරහීම....

අපි කියමු කාලයක් තිස්සේ පින් කරපු කෙනෙක් ඉන්නවා කියලා. හැබැයි එයා හිත පහදවාගෙන නෑ බුද්ධ දේශනාව ගැන. ඔන්න කවුරුහරි එයාට කියනවා 'පින් කරන්න එපා... සංසාරේ දික් ගැහෙනවා... ආයෙත් මේ

භයානක සංසාරෙට වැටෙනවා පින් කර කර හිටියොත්... ඒ නිසා පින් නම් කරන්ට එපා... කුසල් කරන්ට...' කියලා. එතකොට එයා ඒක හරි කියලා ගන්නවා.

ඒක බුදුරජාණන් වහන්සේගේ වචනයක් ද, නැත්නම් වෙන කෙනෙකුගේ පුද්ගලික මතයක් ද? වෙන කෙනෙකුගේ පුද්ගලික මතයක් එයා සරණ යනවා. ඊට පස්සේ එයා පින් කිරීම අතහරිනවා. එයා බුද්ධ දේශනාවට ගලපලා බලන්ට දක්ෂ වෙලා නෑ. ආන්න ඒකයි බුද්ධ දේශනා දරා නොගැනීමේ අවාසිය. බුද්ධ දේශනාව දරාගෙන හිටියොත් එහෙම වෙන්නෙ නෑ.

පරඬැල් වගේ චරිත....

සමහරු කියනවා 'අනේ අපි නම් දැන් පින් කරන්නෙ නෑ... සසර දික් ගැස්සෙනවනෙ...' කියලා. මොකද හේතුව, එයා පටිච්ච සමුප්පාදය දන්නෙ නෑ. චතුරාර්ය සත්‍ය දන්නෙ නෑ. බුදුරජාණන් වහන්සේගේ ධර්මයේ සුළඟවත් වැදිලා නෑ. එයාට සරණ පිහිටන්නෙ නෑ. එයා එක එක මතත් එක්ක දෝලනය වෙන චරිතයත්. අන්‍යයන්ගේ මත මැද්දේ පරඬැලක් වගේ එහාට මෙහාට දෝලනය වෙනවා. කෙනෙක් තර්කානුකූලව යමක් කිව්වාම ඒ පැත්තට හැරෙනවා. තව කෙනෙක් තවත් දෙයක් තර්කානුකූලව කිව්වාම ඒ පැත්තට හැරෙනවා. එයාට ම කියලා පිහිටපු ශ්‍රද්ධාවක් නෑ. ඒකයි මම කිව්වේ ශ්‍රද්ධාව රැකෙන්න නම් සත්පුරුෂ ධර්මයක් සේවනය කර කර ඉන්න ඕන කියලා. මේ බුද්ධ දේශනා ම සේවනය කර කර ඉන්ට ඕනෙ.

ගොඩාක් පින් තිබුණ අය බුදුරජාණන් වහන්සේගේ කාලෙම එතෙර වුනා. මේ කාලේ අපට බොහෝම සුළු

පිනක් තියෙන්නේ. මං තේරුම් ගත්ත හැටියට නම් මේ කාලේ මිනිස්සු අඩු ගණනේ දෙවියන් අතරවත් උපදින්න තියෙන අවස්ථාව පවා නැතිකර ගන්නවා. දෙවියන් අතරටවත් යා ගත්තොත් කලින් මනුස්ස ලෝකෙ ඉන්දෙද්දී භාග්‍යවතුන් වහන්සේගේ ධර්මය පුරුදු කරලා මාර්ගඵල ලබපු ශ්‍රාවක දෙවිවරුන්ව ආශ්‍රය කරන්ට අවස්ථාවක් ලැබෙනවා. ඒ සත්පුරුෂ ආශ්‍රයත් නැතුව යනවා මේ පාර වැරදුනොත්. එහෙම නොවරදින්න තමයි අපි කියන්නේ, බුදුරජාණන් වහන්සේව සරණ යන්න... ධර්මය සරණ යන්න... ශ්‍රාවක සංඝයා සරණ යන්න... කියලා.

ධර්මයෙහි බහා බැලීම....

බුදුරජාණන් වහන්සේ අපට කියා දීලා තියෙනවා යම් කෙනෙක් භාග්‍යවතුන් වහන්සේ මෙහෙම වදාරලා තියෙනවා කියලා කියන දේ එකපාරටම පිළිගන්නේ නැතුව ධර්මයේ බහා බලන්න කියලා. ධර්මයේ බහා බලනවා කියන්නේ චතුරාර්ය සත්‍යයට ගැලපෙනවා ද කියලා විමසන එක. ඒ කියන දේ චතුරාර්ය සත්‍යයට ගැලපෙනවා නම් 'මේ නම් භාග්‍යවතුන් වහන්සේගේ ධර්මයයි' කියලා නිශ්චයකට එන්න කිව්වා. ඒ අහන දේ චතුරාර්ය සත්‍යයට ගැලපෙනවාද කියල බලාගන්ට නම් එයා දැනගත යුත්තේ චතුරාර්ය සත්‍යයයි. චතුරාර්ය සත්‍යය හරියට දන්නේ නැත්තම් මෙහෙමයි මාර්ගය වඩන්නේ කියලා අනිත් අය එක එක ඒවා කියද්දි ඒ දේවල් කර කර ඉන්ට වෙයි.

බුදුරජාණන් වහන්සේ පිරිනිවන් මඤ්චකයේ වැඩ ඉන්දෙද්දි සංඝයා අමතා වදාළා "මහණෙනි, තථාගතයන් වහන්සේ අවුරුදු හතළිස් පහක් මුළුල්ලේ විස්තර විභාග

වශයෙන් දේශනා කළා කරුණු තිස් හතක් ගැන. ඒ තමයි සතර සතිපට්ඨාන, සතර සම්‍යක් පධාන වීරිය, සතර ඉර්ධිපාද, පංච ඉන්ද්‍රිය, පංච බල, සප්ත බොජ්ඣංග සහ ආර්ය අෂ්ටාංගික මාර්ගය. මහණෙනි, මේ සත්තිස් බෝධිපාක්ෂික ධර්ම ගැන අල්පමාත්‍ර හෝ සැකයක් තියෙන කවුරුවත් මෙතන ඉන්නවාද?" කියලා.

නිසැක බවට පත් වෙන්නේ මගඵල ලබපු අයයි....

එතකොට සංඝයා නිශ්ශබ්දව වැඩහිටියා. එතකොට ආනන්දයන් වහන්සේ "ස්වාමීනී, හරි ආශ්චර්යයි. මෙතන සැක තියෙන අය කවුරුවත් ම නෑනේ" කිව්වා. එවේලේ බුදුරජාණන් වහන්සේ වදාළා "ආනන්දය, ඔබ ඔහොම කියන්නේ හුදෙක් චිත්තප්‍රසාදයෙන් විතරයි. මම මේ සියලු භික්ෂූන්ගේ සිත පිරිසිඳ දැක්කා. මෙතන පෘථග්ජන කවුරුවත් නෑ" කිව්වා.

එහෙනම් මේ ධර්මයේ නිසැක භාවයට පත්වෙන්නේ මාර්ගඵල ලැබූ කෙනා විතරයි. එතකම් එයාට සැකය හානි කරන්න පුළුවන්. ඒ නිසා එයාට තියෙන ලොකුම රැකවරණය තමයි බුදුරජාණන් වහන්සේගේ බුද්ධ දේශනා කෙරෙහි ම හිත පහදවාගෙන ඉන්න එක. ඒකේ පාඩුවක් නෑ. දැන් අපි ගමු ඡත්ත මානවක. අපූරුවට හිත පහදවාගෙන හිටියනෙ අර ගාථා තුන අහගෙන.

තිසරණය ම මෙනෙහි කර කර හිටියා....

බුදුරජාණන් වහන්සේ ඡත්ත කුමාරයාට ඉගෙන්නුවනෙ ත්‍රිවිධ රත්නය සරණ යන ගාථා තුනයි, පංච සීලයයි. ඒ ටික කියාදීලා මෙයාව පිටත් කළා. ඔන්න

අතරමගදී හොරු කට්ටිය මේ කොල්ලව අල්ල ගත්තා. හොරු වටවෙලා ගහද්දි ගහද්දි තෙරුවන් මෙනෙහි කරගෙන හිටියනෙ. ඒ ළමයට හිතක් පහළ වුනේ නෑ 'අනේ අතරමගදී බුදුරජාණන් වහන්සේත් මුණගැහිලයි මං ආවේ... උන්වහන්සේට කොච්චර ඉර්ධි බල තියෙනවද... මට පොඩ්ඩක්වත් මතක් කළේ නැනෙ මේ පාරෙන් යන්ට එපා කියලා.' අද කාලේ නම් එහෙම හිතෙනවනෙ මිනිස්සුන්ට. බලන්න ඒ කාලේ මිනිස්සු. ගහද්දි මරද්දි තිසරණය ම මෙනෙහි කර කර හිටියා. ආන්න ඒකයි ගුණය කියලා කියන්නෙ. මැරුණට පස්සේ ඡත්ත මානවක ගිහිල්ලා ඉපදුනේ දෙවියන් අතරේ. ඊට පස්සේ දිව්‍ය ලෝකෙ ඉඳලා ඇවිල්ලා බුදුරජාණන් වහන්සේගෙන් ධර්මය අහලා මාර්ගඵල ලැබුවා.

ගුණවත්කම්වල දියුණුව....

මගඵල ලබනවා කියන්නේ අපේ හිතේ ආසාව තිබූ පමණින් ගන්ට පුළුවන් එකක් නෙවෙයි. හිතේ ආසාවට ගන්ට පුළුවන් සමහර දේවල් තියෙනවා. ඇඳුමක් පැළඳුමක් නම් ගන්ට පුළුවන්, මොනවහරි කෑමක් බීමක් ගන්ට පුළුවන්, හිතේ ආසාවට ගමනක් බිමනක් යන්ටත් පුළුවන්. හැබැයි චතුරාර්ය සත්‍යාවබෝධය හිතේ ආසාවට නෙවෙයි ගන්ට පුළුවන් වෙන්නේ, තමන්ගේ හිතේ වැඩෙන ගුණධර්මවල ප්‍රමාණයටයි. ගුණවන්තකම අපේ ජීවිතවල දියුණු වෙලා තිබුනොත් සමහරවිට අපි මේ ආත්මේ හිස් අතින් මැරෙන එකක් නෑ. ගුණවන්තකම දියුණු වෙලා නැත්නම් මේ ආත්මෙත් අපි අසාර්ථකයි, ඊළඟ ආත්මෙත් අසාර්ථකයි.

ධර්මාවබෝධය ආශාව තිබ්බ්ච පමණින් ගන්ටත්

බෑ. සීලවන්ත වෙච්ච පමණින් ගන්ටත් බෑ. සමාධියක් තිබුණ පමණින් ගන්ටත් බෑ. ප්‍රඥාවෙන් ම තමයි ඒ කටයුත්ත වෙන්නේ. ප්‍රඥාව දියුණු වෙන්නෙ නෑ ගුණ තැතුව. ආන්න ඒකයි මේකේ තියෙන රහස. මතක ශක්තිය කියන්නේ ප්‍රඥාව නෙවෙයි. ප්‍රඥාවේ මුල තමයි කුසල් අකුසල් වෙන්කරලා හඳුනාගන්න පුළුවන් හැකියාව.

මිනිස්සු මුළාවට පත්වෙන හැටි....

අපි හිතමු කෙනෙක් හරි ආසයි මේ ධර්මය ඉක්මනට අවබෝධ කරන්න. එයාට බයකුත් තියෙනවා මේ සංසාරය ගැන. එයාට කවුරුහරි කියනවා 'මෙතන නම් හරියන්නෙ නෑ... අසවල් තැනට යන්න... ගියාම ඉක්මනට මාර්ග ඵල ලැබෙනවා.... මම නම් ගිහිල්ලා කරගත්තා...' කියලා. එතකොට මෙයත් ආසාව නිසයි, ඉක්මනට මේක කරගන්ටත් ඕන කියන අදහස නිසයි එතනට යනවා. මෙයා හරි විදිහට ධර්මය දන්නෙත් නෑ.

ඔන්න මෙයා ගිහිල්ලා භාවනාවක් ඉගෙන ගන්නවා. ඒ භාවනාව කරගෙන යනකොට මෙයාගේ හිත ශාන්ත භාවයට පත්වෙනවා. එතකොට එයාට එතනින් කියනවා 'ඔයා දැන් ඵලයට පත් වුනා' කියලා. එතකොට එයත් ඒක හරියි කියලා හිතනවා. නමුත් එයා පෘථග්ජන. එයා තුළ ප්‍රඥාව නෑ.

බුද්ධ දේශනා ප්‍රතික්ෂේප කරනවා....

ඊට පස්සේ එයා ධර්මය දන්න අයත් එක්ක කතා කරද්දි, බුද්ධ දේශනා උපුටා දක්වනකොට මෙයාගේ අත්දැකීමට වඩා දේශනාව වෙනස් නිසා එයා දේශනාව ප්‍රතික්ෂේප කරනවා "අනේ ඕවා අහලා වැඩක් නෑ. අපි

ඕවා නැතුව ලස්සනට මේක කරගත්තා" කියලා. අන්තිමට එයා නැතිකරගෙන තියෙන්නේ තිසරණයයි. තිසරණෙත් නැතිකරගෙන ඔහොම කාලයක් ඉන්නකොට එයා දන්නෙම නැතුව එයාගේ සිතින් බුදුරජාණන් වහන්සේට විරුද්ධ දේවල් කියවෙනවා. ඇයි දැන් එක එක්කෙනා එයාව විවේචනය කරනවනෙ "ඔයා ඔහොම කරලා හරියන්නෙ නෑ. ඕක ඔහොම නෙවෙයි තියෙන්නේ, මෙහෙමයි..." කියලා.

අපි හිතමු කෙනෙකුට තමන් මාර්ගයට පත්වුනා කියලා හෝ ඵලයට පත්වුනා කියලා වැටහීමක් ඇතිවුනා කියලා. ඇත්තට ම එහෙම වෙච්ච කෙනාට ඒකෙ ගැටලුවක් නෑ. නමුත් සැබෑවටම එහෙම නැති කෙනාට ඒක ආරක්ෂා කරගැනීමේ අභියෝගයක් තියෙනවා. එතකොට එයා තමන් මාර්ග ඵල ලැබුවා කියන මතය තහවුරු කරගන්ට බුද්ධ දේශනා ප්‍රතික්ෂේප කරනවා.

අවසාන මොහොතේ අසරණ වෙනවා....

එහෙම ප්‍රතික්ෂේප කරනකොට ප්‍රතික්ෂේප වෙලා යන්නේ ශාස්තෘන් වහන්සේව. ප්‍රතික්ෂේප වෙලා යන්නෙ ධර්මය. ප්‍රතික්ෂේප වෙලා යන්නේ ශ්‍රාවක සංඝයා. අන්තිමට මෙයා මරණාසන්න වෙනකොට ඒ අකුසලේ නිසා සමාධිය නැතුව යනවා. සමාධියත් එක්කනෙ එයා රැවටිලා ඉන්නේ. දැන් කාටවත් කියාගන්නත් බැරුව මෙයා අසරණ වෙනවා. මෙයා දන්නෙත් නෑ මෙයාගෙන් අකුසල් වුනා කියලා.

අවිද්‍යාව තුළ ඉන්න නිසා ඒක පේන්නේ නැනෙ. පේන්න නම් විද්‍යාව පහළ වෙන්න ඕනෙ යම් ප්‍රමාණයකට හරි. අන්තිමට මැරිලා ගිහින් එක්කෝ නිරයේ යනවා.

එක්කෝ තිරිසන් අපායේ යනවා. ඊටපස්සේ ගිහිල්ලා උපදිනවා තිසරණ මාත්‍රයක් අහන්ට නැති ආගමක. ඕක තමයි අන්තිම ප්‍රතිඵලේ. ඒ වගේ අනතුරුදායක රටාවක් තමයි මේකේ තියෙන්නේ. ඒ නිසා තමයි අපට අපේ පැරැන්නෝ කියලා තියෙන්නේ "පනින්ට පෙර සිතා බලනු" "දැන ගියොත් කතරගම, නොදැන ගියොත් අතරමග" කියලා. ඕවා කියලා තියෙන්නේ කට කහනවට නෙවෙයි.

ගුණධර්මයන්ගේ කඩාවැටීම....

මේක පින්වත්නි, බොහෝම හොඳට නුවණින් කල්පනා කරලා තේරුම් අරන් යන්ට තියෙන ගමනක්. කලබලේට හදිස්සියෙන් කරගන්ට බෑ. ආසාව තිබුණට බෑ. මේක කරගන්ට ඕන ගුණවන්තකම මත ම යි. කලබල නම්, හදිස්සි නම් අපි ඇතිකරගන්ට ඕන ඉවසීම, කරුණාව, දයාව ආදී යහපත් ගුණ ධර්ම. සමහර කෙනෙක් හිතන්න පුළුවන් තමන් ළඟ මේ ගුණධර්ම තියෙනවා කියලා. ඒක තමයි ඊළඟ හානිය. එතකොට එයා තමන් ගැන අවධානය යොමුකරන්නෙ නැති නිසා එයා තුළ තියෙන ඕනෑම ගුණධර්මයක් නැසෙන්ට වැඩි වෙලාවක් යන්නෙ නෑ.

මව්ගුණ කවි පන්තියේ අවසන් කවිය....

එක ආරණ්‍යයක මං දන්න හාමුදුරු නමක් හිටියා. උන්වහන්සේ ඒ කාලේ හරියට මව් ගුණ කවි කියනවා. මිනිස්සු අඬ අඬා ඒවා අහන්නෙ. කාලයක් ගියාම කෙල්ලෙක් එක්ක පැටලිලා සිවුරු ඇරියා. සිවුරු ඇරලා වින්කලයක් දාගත්තා. ඊට පස්සේ ගත්තේ ඒ නෝනගෙ පැත්ත. දැන් අම්මට බණිනවා ලස්සන

වචනවලින්. අම්මට සලකන්ට කියලා ඇඬූ කඳුළින් කවි කිව්ව කෙනා මේ. තමන් තුළ හැබෑටවම නම් ඒ අම්මා කෙරෙහි ආදරයක් තිබුනේ, ඒක දිගටම තියෙන්න එපායැ එහෙනම්. නින්දනීය වචනවලින් ගරහලා අම්මව එළවනවා. මං දන්න චරිතයක් ගැන මේ කියන්නෙ. දෙමාපියන්ට සැළකීමේ ගුණයවත් ස්ථාවරව තියාගන්ට බැරි වුනා නම් ඉතුරු ඒවා ගැන කවර කතාද....

එබඳු ආකාරයට වෙනස් වෙලා යන ලෝකෙක තමන්ට ආරක්ෂාව තියෙන්නේ බුදුරජාණන් වහන්සේ සරණ යැමෙන් ම යි. ඒ නිසා පින්වත්නි, අපි නිකම් ඉන්න වෙලාවට උනත්, ගමනක් බිමනක් යද්දි වුනත්, වැඩක් පලක් කරද්දි වුනත් "මට බුදුරජාණන් වහන්සේගේ සරණයි... මම බුදුරජාණන් වහන්සේ සරණ යමි... මට ධර්මයේ සරණයි.... මම ධර්මය සරණ යමි.... මට ආර්ය මහා සංඝ රත්නයේ සරණයි.... මම සංඝ රත්නය සරණ යමි...." කියලා මෙනෙහි කරන්න දක්ෂ වෙන්න. ඒ හැම එකක් ම ආරක්ෂාවට උදව් වෙනවා.

තමාගේ පිහිට තමා ම යි....

ඊළඟට තමන්ගේ හිතේ අකුසල් හටගනිද්දි 'බුදුරජාණන් වහන්සේ වදාළානේ මේ අකුසල් නිසා සත්වයා කිලුටු වෙනවා කියලා. දැන් මේ අකුසලය නිසා මගේ හිතත් කිලුටු වෙලානේ තියෙන්නේ...' කියලා තමන්ට ම තේරුම් ගන්න පුළුවන්. ඊළඟට තමන්ම මෙත් සිත වඩලා ඒ අකුසලය දුරු කරගන්නවා. එතකොට තේරුම් ගන්නවා 'එහෙනම් කුසල් වැඩුවාම අකුසල් දුරුවෙනවානෙ.... මේක හැබෑවක් නෙ...' කියලා. ඒ විදිහට තමන්ගේ පැත්තෙන් තමන්ට උදව්වක් උවමනා ම යි.

බුදුරජාණන් වහන්සේ වදාළා බාහිර අංගයක් හැටියට ගත්තොත් සත්පුරුෂ ආශ්‍රය තරම් මේ ධර්ම මාර්ගයට බාහිරින් උදව් වන වෙන අංගයක් නෑ කියලා. ඔබට දැන් මේ ලැබෙන්නේ ඒක. ඒ වගේම අභ්‍යන්තරයෙන් උදව් වෙන අංගයකුත් තියෙනවා. ඒක තමන්ගේ ඇතුලේ තියෙන දෙයක්. අපි ඇතුලේ තියෙන දේවල් හැටියට හිතන්නේ ප්‍රෙෂර් එක ගානට තියෙන්න ඕනෙ. සීනි ටික ගානට තියෙන්න ඕනෙ. කොලෙස්ටරෝල් නැතුව තියෙන්න ඕන. මේවනෙ අභ්‍යන්තරයෙන් උදව් කරන අංග හැටියට අපි හිතාගෙන ඉන්නේ.

යෝනිසෝ මනසිකාරය නැත්නම් මොනවා තිබුණත් ඵලක් නෑ....

නමුත් බුදුරජාණන් වහන්සේ වදාළා අභ්‍යන්තරයෙන් උදව් කරන අංගය හැටියට යෝනිසෝ මනසිකාරය තරම් උපකාරී වන වෙන එකක් නෑ කියලා. අන්න ඒ අභ්‍යන්තර උදව්ව තමන්ට නැත්නම් බාහිරින් සත්පුරුෂ ආශ්‍රය ලැබුනාට පලක් නෑ.

ඒ නිසා බොහෝම ඉවසීමෙන් ධර්ම කරුණු ගලපාගෙන කලබල නැතුව හිමින් හිමින් පුරුදු කරන්න ඕනෙ. මේක ආසාවෙන් ගන්ට බෑ. නමුත් බුදුරජාණන් වහන්සේ දේශණා කළා මේකට ආසා කරන්න කියලා. "මහණෙනි, යමකට ආසා කරනවා නම් විරාගී නිවනට ආසා කරන්න" කිව්වා. ආසා කරන්න කිව්වේ ඒ ආසා කරන දේට කැපවීම පිණිසයි. එහෙම නැතුව 'අනේ මට මේක කොහොම හරි කරගන්ට ඕන... කොහොම හරි කරගන්ට ඕන...' කියලා නෙවෙයි. ඒ නිසා පින්වත්නි, අපි හොඳට මේක තේරුම් ගන්ට ඕනෙ.

උඩඟුකම නැතිකරගන්න උපදෙසක්....

අපි උදේ දේශනාවෙන් ඉගෙන ගත්තා බුදුරජාණන් වහන්සේ නිතර නිතර (අභිණ්හං අභිණ්හං) මෙනෙහි කරන්න කිව්වා 'බොහෝ කලක් රාගයෙන් ද්වේෂයෙන් මෝහයෙන් කිලුටු වෙලා ගියපු හිතක් අපි ළඟ තියෙන්නේ' කියලා. එහෙම මෙනෙහි කරනවා නම් අපේ ආඩම්බරකම්, උඩඟුකම් බැලූම බින්දා වගේ නැතුව යනවා. තමන්ගේ ජීවිතයේ කුඩා අවදියේ ඉඳලා මේ දක්වා විමසලා බැලුවාම රාගයෙන් ද්වේෂයෙන් මෝහයෙන් කිලුටු වන ස්වභාවයේ හිතක් මේ තියෙන්නේ කියලා හොඳටම පැහැදිලි වෙනවා. එතකොට මේ රාගයෙන් ද්වේෂයෙන් මෝහයෙන් කිලුටු වෙන හිතක් පරිහරණය කරද්දී විනාශයකට පත් නොවී ඉන්ට නම් එයා තුළ තියෙන්න ඕනෙ ගුණ ධර්ම ම යි. ගුණ ධර්ම නොතිබුනොත් විනාශ වෙනවා.

කාල් මාක්ස් සරණ ගිය පැවිද්දෝ....

මට මතකයි මම විශ්ව විද්‍යාලෙ යන කාලේ එක්තරා දේශපාලන මතයක් දරපු හාමුදුරු කෙනෙක් මාත් එක්ක කතා කර කර ඉන්දෙද්දි කිව්වා 'අපි නම් අම්මා උනත් අපේ නීතියට විරුද්ධ නම් දඬුවම් දෙනවා' කියලා. මම කල්පනා කළා හනේ මේ සිවුරුත් දාගෙන මෙහෙම කතා කරනවනෙ කියලා. පැවිදි වේශයෙන් හිටියට ශාස්තෘන් වහන්සේ 'කාල් මාක්ස්'. එහෙම ලෝකයක් මේ තියෙන්නේ. මේ පැවිද්දෝ දානවලටත් යනවත් යනවා, පිරිත්වලටත් යනවා, බණවලටත් යනවා. පුද්ගලිකව කතා කරද්දි සරණ ගිහින් තියෙන්නෙ කාල් මාක්ස්ව. අම්ම හරි දඬුවම් දෙන්න ඕනෙ කිව්වා. මට්ට

සැලකීමකුත් නෑ. පියාට සැලකීමකුත් නෑ. ඒ කියන්නේ ලෞකික සම්මා දිට්ඨියවත් නෑ.

මතවාදවලට හසුවෙලා යනවා....

එතකොට රාග ද්වේෂ මෝහවලින් කිලුටු වෙච්ච හිතක් තියෙන පුද්ගලයා අසද්ධර්මයක් ශ්‍රවණය කරලා, අයෝනිසෝ මනසිකාරයේ යෙදිලා, වැරදි දෘෂ්ටියකට ආවොත් මව්පියන් මැරුවත් කමක් නෑ මේ වැඩේ උදෙසා කියලා, ඉවරයි නේද..! පැවිදි වෙච්ච අයටත් එහෙම වුනා නම් අනිත් අය ගැන කතා කරන්න දෙයක් නෑ. මම කිව්වෙ අපි විශ්ව විද්‍යාලෙ යන කාලේ අපි එක්ක හිටපු අයට වෙච්ච දේවල්.

මේ රටාවෙ තියෙන භයානකකම තමයි පින් පව් මාත්‍රයක් විශ්වාස කරන්නෙ නෑ. රාගෙන් කිලුටු වෙච්ච, ද්වේෂයෙන් කිලුටු වෙච්ච, මෝහයෙන් කිලුටු වෙච්ච හිතක් තියෙන පුද්ගලයෙක් වැරදි දෘෂ්ටියකට වැටුනට පස්සේ එයාට ඒක හොයන්නත් බැරි නම්, ඒ දෘෂ්ටිය හරියි කියලා බලවත් ලෙස උපාදාන කරගන්නවා. ඇයි දිට්ඨී උපාදාන හිතේ තියෙනවනෙ. ඒ නිසා උපාදාන වෙලා යනවා. දිට්ඨී උපාදාන කියලා කියන්නෙ මතවාදවලට හසුවෙනවා.

හිතනවාට වඩා භයානකයි....

ඔන්න බුදුරජාණන් වහන්සේ ලංකාවේ උපන්නා කියලා කවුරුහරි මතවාදයක් ගෙනාවා. ඒක ඇත්තක් නෙවෙයිනෙ. කාගෙ හරි හිතක ඇතිවෙච්ච බලියක්. හිත මෝහයට පත්වන සුළුයිනෙ. මෝහමූලික සිතිවිල්ලක් ඇති වුනා. එයා ඒ දෘෂ්ටිය උපාදාන කරගත්තා. අන්තිමට

මොකද වෙන්නෙ, ශාස්තෘන් වහන්සේගේ උපන් බිමටත් ගරහන්න පටන් ගන්නවා. ශාස්තෘන් වහන්සේගේ උපන් බිමටත් ගරහලා කාන්තාර වැල්ලෙ තමයි උපදින්න වෙන්නේ.

මිනිස්සුන්ගේ කතාබහ තුළ තියෙන දේවල් පින්වත්නි, අපි හිතනවට වඩා හරී භයානකයි. මේ හැම දේකින් ම පරිස්සම් වෙලා ඉන්නවා කියන එක හරි අමාරුයි. නුවණ තිබුනොත් තමයි හිත පරිස්සම් කරගෙන, බුදුරජාණන් වහන්සේ වදාළ ධර්මය හොඳට සිහිකරගෙන ඉන්ට පුළුවන් වෙන්නේ. එහෙම නැත්තම් ඔලුව අවුල් කරලා දාන්ට ඕනෑතරම් කට්ටිය ඉන්නවා. සත්‍යයේ නාමයෙන් බොරු කියන අය ලෝකේ ඕනතරම් ඉන්නවා.

පෙර පිනකින් අපට ලැබුණු දේ....

බොරු කියන අය කියන්නේ නැනෙ 'මම මේ බොරු කියන්නේ... මේව අහන්ට එපා...' කියලා. ඒගොල්ලෝ (**ඉධමේව සච්චං මෝඝමඤ්ඤං**) මේක ම යි ඇත්ත, අනිත් ඒවා බොරු කියලා දෘෂ්ටි පරාමර්ශනය කරගෙනයි ඉන්නේ. දෘෂ්ටි පරාමර්ශනය කරනවා කියන්නේ මතවාදවලට බැඳිලා, ග්‍රහණය වෙලා ඉන්නවා කියන එකයි. එහෙම නොවී සිටින්ට නම් අපට බුදුරජාණන් වහන්සේගේ ධර්මය ගැන හොඳ දැනුමක් ඕනෙ.

අපේ වාසනාවට අපට හොඳට ත්‍රිපිටකය කියවගන්න ලැබුනා. අපි මේ බුද්ධ දේශනා ඔබට ඉගැන්නුවෙ නැත්නම් ඔබටත් මොකුත් නැනෙ. සංසාරේ මොකක් හෝ පුණ්‍ය විපාකයක් නිසා තමයි අපට මේ ධර්මය කියවන්ට ලැබුණේ. ඊළඟට මේ ධර්මය කෙරෙහි

හිත පැහැදුනු එකත් පුණ්‍ය විපාකයක්. ධර්මය කෙරෙහි හිත පහදවගන්ට තියෙන බාධා තමයි හැමතැනම තියෙන්නේ.

තමන්ගේ මතය කියාගැනීමට කැමති අය....

අපි කියමු යාලුවෝ දෙන්නෙක් ඉන්නවා. දෙන්න ම ධර්මය අහන්න එනවා. දෙන්නම හිත පහදවාගෙන ඉන්නවා. හිත පැහැදුනාට එක්කෙනෙක් සැක බහුලව ඉන්න කෙනෙක්. එයා වෙන තැනකට බණ අහන්න යනවා. හැබැයි එතන පිරිසිදු බුද්ධ වචනය උගන්වන්නේ නෑ. එතනට ගිහිල්ලා මුළාවට පත්වෙලා ඒක හරියි කියලා හිතාගෙන ඉන්නවා. ඊට පස්සෙ එයා උත්සාහ කරන්නේ තමන්ගේ අනිත් යාළුවත් ඒ ගොඩට ඇදලා ගන්ටයි. "මම කියනවට එක දවසක් ඇවිල්ලා මේක අහන්න..." කියනවා.

බුදුරජාණන් වහන්සේ දේශනා කරලා තියෙනවා හිරු මඬලයි, සඳ මඬලයි බබළන්නේ විවෘත වුනාමයි. සැඟවුනාම නෙවෙයි. ඒ වගේ බුදුරජාණන් වහන්සේගේ ධර්මයත් **(විවටෝ විරෝචති)** විවෘත වුනාමයි බබළන්නේ. **(නෝ පටිච්ඡන්නෝ)** සැඟවුනාම බබළන්නෙ නෑ කිව්වා. සාමාන්‍යයෙන් ලෝකයේ මිනිස්සු දෘෂ්ටිගතික වීම නිසා බුද්ධ වචනය ඉක්මනින් ම සැඟවිලා යනවා. දෘෂ්ටියකට හසුවුනාම එයා හැම තිස්සෙම කැමති වෙන්නේ තමන්ගේ මතය කියාගන්ටයි.

අනාත්ම දෙයක තියෙන ලක්ෂණය....

ඒ නිසා තේරුම් ගන්න, මනුස්සයා පිරිහුනොත් පිරිහෙන්නේ හේතු සහිතවයි. පිරිසිදු වුනොත් පිරිසිදු වෙන්නෙත් හේතු සහිතවයි. අපි මෙතෙක් කල් සංසාරේ

ආවේ හේතු ප්‍රත්‍ය සහිතවයි. ඒ හේතු ප්‍රහාණය වෙච්ච දවසට මේකෙන් නිදහස් වෙනවා. ඒක තමයි අනාත්ම ධර්මයක තියෙන ලක්ෂණය. අනාත්මයි කියන්නේ කිසිවක් තමන්ට ඕන විදිහට තමන්ගේ වසඟයේ පවත්වන්ට බෑ කියන එකයි. නමුත් හේතු නිසා හටගන්න, හේතු නැතිවීමෙන් නැතිවී යන ස්වභාවය තියෙනවා. මේ ඇස - කන - නාසය - දිව - කය - මනස කියන ආයතන හයේ ම ඒ ස්වභාවය තියෙනවා.

දවසක් කෙනෙක් මගෙන් ඇහුවා මේ ධර්ම මාර්ගයේ තියෙන අමාරුම දේ මොකක්ද කියලා. මං කිව්වා සමාධියක් උපදවාගැනිල්ල එච්චර අමාරු දෙයක් නෙවෙයි. කැපවෙලා මහන්සි වුනොත් සමාධියක් හදාගන්ටත් පුළුවන්. අමාරුම දේ සත්පුරුෂයෙක් වෙන එකයි. ප්‍රඥාව කියන්නේ දුර තියෙන එකක්. හැබැයි සත්පුරුෂයෙක් වුනොත් අර ඔක්කොම ළං කරගන්න පුළුවන්.

අහෝ දෙව්දත් නොදුටි මොක්පුර....

දැන් බලන්න දේවදත්ත සමාධියක් ඇතිකර ගත්තා. අභිඥාත් උපද්දවා ගත්තා. ඉර්ධි ප්‍රාතිහාර්යයත් පෑවා. නමුත් සත්පුරුෂත්වයෙන් ඈත හිටියේ. සත්පුරුෂ බව ළඟ තිබුණා නම් එයා ප්‍රඥාවට කිට්ටු වෙනවා. සත්පුරුෂකම නැති නිසා තමන්ව හුවාදක්වා ගැනීමේ ආශාව ආවා. ඊට පස්සේ තමන්ගේ අභියෝගයට තෝරගත්තේ තමන් සරණ ගියපු ශාස්තෘන් වහන්සේව ම යි. ශාස්තෘන් වහන්සේ මරා දැම්මා නම් එතන මට හම්බවෙනවනෙ කියලා රජ පවුලේ ක්‍රමයටයි හිතුවේ. රජපවුල්වල එහෙම තියෙනවනෙ.

සත්පරුෂ බව නැතිවීමෙන් රට රාජ්‍යවල් පවා නැතිවෙනවා. ඒ නිසා සත්පුරුෂකම කියන්නේ මනුස්සයන්ට තියෙන ගුණයක් ම යි. සත්පුරුෂ ගුණධර්ම කටින් ගන්ට බෑ. සත්පුරුෂ ගුණධර්ම හිත හිතා ඇතිකර ගන්ට ඕනෙ. සත්පුරුෂ ගුණධර්ම ඇතිකරගන්න හොඳම දේ තමයි බුදුරජාණන් වහන්සේ සරණ යෑම. ධර්මය සරණ යෑම. ශ්‍රාවක සංඝයා සරණ යෑම.

තමන්ට ලකුණු දාගන්න එපා....

බුදුරජාණන් වහන්සේගේ ධර්මයේ විස්තර කරනවනෙ ශ්‍රැතවත් ආර්ය ශ්‍රාවකයා **(සප්පුරිසානං දස්සාවී, සප්පුරිසධම්මස්ස කෝවිදෝ, සප්පුරිසධම්මේ සුවිනීතෝ)** සත්පුරුෂයන්ව අඳුනන, සත්පුරුෂබවේ දක්ෂ, සත්පුරුෂ දහමේ හික්මුනු කියලා. එහෙනම් ශ්‍රැතවත් ආර්ය ශ්‍රාවකයා සත්පුරුෂයෙක්. ඒ සත්පුරුෂ බව ගුණධර්මත් එක්ක තියෙන දෙයක් මිසක් උඩගුකමක් එක්ක තියෙන දෙයක් නෙවෙයි.

කිලුටු වෙච්ච හිතකුත් තියාගෙන, ස්ථාවර නොවුනු ශ්‍රද්ධාවකුත් තියාගෙන, ස්ථාවර නොවුනු සීලයකුත් තියාගෙන, කඩා වැටෙන වීරියකුත් තියාගෙන, හරියට පිහිටුවාගන්න බැරි සිහියකුත් ඇතුව, හරිහමන් සමාධියකුත් නැතුව, ප්‍රඥාවකුත් නැතුව අපි අප ගැන ම ලොකුවට ලකුණු දාගත්තොත් ඒක මහා පුහු දෙයක් නේද?

තිසරණය රැකෙන්නේ ගුණධර්මවලින්....

මේ ධර්ම මාර්ගයේ යද්දී ගුණධර්මයන්ගේ පැත්ත ගැන වැඩිපුර අවධානයක් යොමු කළොත් අපට

රැකෙන්ට තියෙන අවස්ථාව වැඩියි. ගුණධර්ම පැත්ත අතහැරියොත් අනතුර වැඩියි. අපේ තිසරණය රැකෙනවා නම් රැකෙන්නේ අපේ ගුණධර්මත් එක්කයි. තිසරණේ අහිමිවෙනවා නම් අහිමිවෙන්නේ ගුණධර්ම නැති කමින්. ඒ නිසා මේක හොඳට තේරුම් අරගෙන අපටත් බුදුරජාණන් වහන්සේගේ ධර්මය පිළිසරණ කරගෙන වාසය කරන්ට හැකියාව ලැබේවා!

සාදු! සාදු!! සාදු!!!

❀ ❀ ❀

මහාමේඝ ප්‍රකාශන

- **ත්‍රිපිටක පොත් වහන්සේලා :**

- **ධර්ම දේශනා ග්‍රන්ථ :**

www.ingramcontent.com/pod-product-compliance
Lightning Source LLC
Chambersburg PA
CBHW070529030426
42337CB00016B/2162